COLLECTION
DÉMARCHES

Immortelle randonnée

Compostelle malgré moi

Jean-Christophe Rufin
de l'Académie française

Immortelle randonnée
Compostelle malgré moi

Éditions Guérin
Chamonix

L'organisation

L ORSQUE, comme moi, on ne sait rien de Compostelle avant de partir, on imagine un vieux chemin courant dans les herbes, et des pèlerins plus ou moins solitaires qui l'entretiennent en y laissant l'empreinte de leurs pas. Erreur grossière, que l'on corrige bien vite lorsqu'on va chercher la fameuse *credencial*, document obligatoire pour accéder aux refuges pour pèlerins !

On découvre alors que le Chemin est l'objet sinon d'un culte, du moins d'une passion, que partagent nombre de ceux qui l'ont parcouru. Toute une organisation se cache derrière le vieux chemin : des associations, des publications, des guides, des permanences spécialisées. Le chemin est un réseau, une confrérie, une internationale. Nul n'est contraint d'y adhérer, mais cette organisation se signale à vous dès le départ, en vous délivrant la *credencial*, ce passeport qui est bien plus qu'un bout de carton folklorique. Car, dûment fiché comme futur-ancien-pèlerin, vous recevrez désormais des bulletins d'études savants, des invitations à des sorties pédestres et même, si vous habitez certaines villes, à des séances de restitution d'expériences, organisées autour de voyageurs fraîchement rentrés. Ces rencontres amicales autour d'un verre s'appellent « Le vin du pèlerin » !

J'ai découvert ce monde en entrant par une après-midi pluvieuse dans la petite boutique sise rue des Canettes à Paris, dans le quartier Saint-Sulpice, siège de l'association des Amis de Saint-Jacques. L'endroit détone, au milieu des bars branchés et des boutiques de fringues. Il fleure bon sa salle paroissiale et le désordre poussiéreux qui l'encombre a l'inimitable cachet des locaux dits « associatifs ». Le permanencier qui m'accueille est un homme d'un certain âge – on dirait aujourd'hui un « senior », mais ce terme n'appartient pas au vocabulaire jacquaire. Il n'y a personne d'autre dans la boutique et j'aurais l'impression de le réveiller s'il ne se donnait pas beaucoup de mal pour paraître affairé. L'informatique n'a pas encore pris possession du lieu. Ici règnent toujours la fiche bristol jaunâtre, les dépliants ronéotypés, le tampon baveux et son encreur métallique.

Je me sens un peu gêné de déclarer mon intention – pas encore arrêtée, pensé-je – de partir sur le Chemin. L'ambiance est celle d'un confessionnal et je ne sais pas encore que la question du « pourquoi » ne me sera pas posée. Prenant les devants, je tente des justifications qui, évidemment, sonnent faux. L'homme sourit et revient à des questions pratiques : nom, prénom, date de naissance.

Il me conduit peu à peu jusqu'au grand sujet : est-ce que je souhaite adhérer à l'association *avec* le bulletin – c'est plus cher – ou *sans*, c'est-à-dire en payant le minimum : il me donne les prix de chaque option. Les quelques euros de différence lui semblent suffisamment importants pour qu'il se lance dans une longue explication sur le contenu précis des deux formes d'adhésion. Je mets cela sur le compte d'un désir louable de solidarité : ne pas priver de Chemin les plus modestes. En cours de route, j'aurai l'occasion de comprendre qu'il s'agit de bien autre chose : les pèlerins passent leur temps à éviter de payer. Ce n'est souvent pas une nécessité, mais plutôt un sport, un signe d'appartenance au club. J'ai vu des marcheurs, par ailleurs prospères, faire d'interminables calculs, avant de décider s'ils commanderont un sandwich (pour quatre) dans un bar, ou s'ils feront trois kilomètres de plus pour l'acheter à une hypothétique boulangerie. Le pèlerin de Saint-Jacques, que l'on appelle un Jacquet, n'est pas toujours pauvre, loin s'en faut, mais il se comporte comme s'il l'était. On peut rattacher ce comportement à l'un des trois vœux qui, avec la chasteté et l'obéissance, marquent depuis le Moyen Âge l'entrée dans la vie religieuse ; on peut aussi appeler cela plus simplement de la radinerie.

Quoi qu'il en soit, dès l'acquisition de la *credencial*, vous êtes invité à respecter cet usage et à vous y conformer : que le pèlerin aille ou pas vers Dieu (c'est son affaire), il doit toujours le faire en tirant le diable par la queue.

Bien sûr, vous allez aussi croiser nombre de gens qui se sont aménagés un pèlerinage de confort, d'hôtel en hôtel, d'autocars de luxe en taxis complaisants. Il est d'usage chez les Jacquets de dire benoîtement : « Chacun fait son chemin comme il l'entend ». Pourtant, il ne faut pas longtemps pour comprendre que, derrière cette manifestation de tolérance, se cache le solide mépris du « vrai » pèlerin pour le « faux ». Le vrai se reconnaît à ce qu'il dépense le moins possible. Certes, il peut arriver au « vrai » pèlerin, faute d'alternative, parce qu'il est malade ou que les refuges sont pleins, de devoir descendre dans un hôtel — modeste si possible — et de voisiner avec des voyageurs de luxe. Comptez néanmoins sur lui pour marquer sa différence, par exemple en mangeant tous les bonbons imprudemment placés dans une soucoupe, à la réception.

Ignorant encore ces usages, je commis mon premier impair : je pris royalement l'adhésion *avec* bulletin et surtout je laissai entendre que trois euros de plus n'étaient pas une affaire.

Le permanencier me remercia au nom de l'association mais un fin sourire montrait assez qu'il me prenait un peu en pitié. « Pardonnez-lui Seigneur, il ne sait pas (encore) ce qu'il fait. »

La *credencial* que remet l'association des Amis de Saint-Jacques est un bout de carton jaunâtre qui se déplie en accordéon. À dire vrai, elle ne paie pas de mine et le futur-supposé-pèlerin rigole en rentrant chez lui. Ce document sur un papier sans doute recyclé trois fois, avec ses gros carreaux destinés à recueillir les tampons à chaque étape, n'a vraiment pas l'air très sérieux. Mais il en va de la *credencial* comme du reste. On ne mesure sa valeur que sur le Chemin.

Lorsqu'on l'a fourrée dans son sac cent fois, qu'on l'en a sortie trempée par une pluie d'orage et qu'il a fallu la faire sécher sur un introuvable radiateur, lorsqu'on a craint de l'avoir perdue et qu'on l'a fébrilement cherchée sous l'œil soupçonneux d'un tenancier d'auberge, lorsqu'au terme d'étapes épuisantes on l'a posée, victorieux, sur le bureau d'un employé d'office du tourisme qui, d'un air dégoûté, l'a effleurée de son tampon officiel en craignant manifestement de le souiller, lorsqu'arrivé à Compostelle, on l'a dépliée fièrement devant le représentant de la mairie pour qu'il rédige en latin votre certificat de pèlerinage, on mesure le prix de cette relique. Au retour, la *credencial* figure parmi les objets rescapés du Chemin et qui portent les traces de cette épreuve.

Sans que la comparaison ait évidemment la moindre valeur, je dirais que ma *credencial* froissée, tachée et passée au soleil, me fait penser à ces bouts de papier que mon grand-père avait ramenés de captivité : bons de nourriture ou d'infirmerie, ils devaient avoir, pour le déporté, une infinie valeur et j'imagine avec quel soin il les conservait sur lui.

La différence avec le Chemin est que Compostelle n'est pas une punition mais une épreuve volontaire. C'est du moins ce que l'on croit, bien que cette opinion soit rapidement contredite par l'expérience. Quiconque marche sur le Chemin finit tôt ou tard par penser qu'il y a été condamné. Que ce soit par lui-même ne change rien : les sanctions que l'on s'impose n'ont pas moins de rigueur, souvent, que celles qu'inflige la société.

On part pour Saint-Jacques avec l'idée de liberté et bientôt on se retrouve, parmi les autres, un simple bagnard de Compostelle. Sale, épuisé, contraint de porter sa charge par tous les temps, le forçat du Chemin connaît les joies de la fraternité, à l'image des prisonniers. Combien de fois, assis par terre devant une auberge parmi d'autres pouilleux, massant mes pieds endoloris, mangeant une pitance malodorante acquise à un prix dérisoire, superbement ignoré par les passants normaux, libres, bien habillés et bien chaussés, je me suis senti un *zek* à la façon de Soljenitsyne, un de ces gueux du Chemin, que l'on appelle des pèlerins ?

Voilà à quoi vous condamne la *credencial*. Au retour, le plus invraisemblable est de se dire que, en plus, on a payé pour l'acquérir.

Le point de départ

ENCORE faut-il cependant savoir de quoi l'on parle. La « vraie » *credencial*, à mes yeux, comme à ceux des pèlerins qui se croient dignes de ce nom, est un document émis sur votre lieu de résidence et qui vous accompagne pendant un long chemin. Cependant, on découvre vite qu'à chaque étape et jusqu'aux dernières, il est possible de se faire délivrer le même document. Les pèlerins authentiques regardent comme une imposture les marcheurs qui se contentent de parcourir les derniers kilomètres et qui ont pourtant le toupet de se munir d'une *credencial*. Comme si ce tourisme pédestre de quelques courtes journées était comparable aux interminables parcours des pèlerins partis de France ou d'autres pays d'Europe ! Il y a un peu de snobisme dans cette réaction. Pourtant, en avançant sur le Chemin, on comprend peu à peu qu'il y a quelque vérité dans cette opinion. Il faut en effet reconnaître que le temps joue un rôle essentiel dans le façonnage du « vrai » marcheur.

Le Chemin est une alchimie du temps sur l'âme.

C'est un processus qui ne peut être immédiat ni même rapide. Le pèlerin qui enchaîne les semaines à pied en fait l'expérience. Par-delà la fierté un peu puérile qu'il peut ressentir d'avoir accompli un effort considérable par rapport à ceux qui se contentent de marcher huit jours, il perçoit une vérité plus humble et plus profonde : une courte marche ne suffit pas pour venir à bout des habitudes. Elle ne transforme pas radicalement la personne. La pierre reste brute car, pour la tailler, il faut un plus long effort, plus de froid et plus de boue, plus de faim et moins de sommeil.

C'est la raison pour laquelle, vers Compostelle, l'essentiel n'est pas le point d'arrivée, commun à tous, mais le point de départ. C'est lui qui fixe la hiérarchie subtile qui s'établit entre les pèlerins. Quand deux marcheurs se rencontrent, ils ne se demandent pas « Où vas-tu ? », la réponse est évidente, ni « Qui es-tu ? », car sur le Chemin on n'est plus rien d'autre qu'un pauvre Jacquet. La question qu'ils posent est « D'où es-tu parti ? » Et la réponse permet immédiatement de savoir à qui l'on a affaire.

Si le pèlerin a choisi un point de départ à cent kilomètres de Saint-Jacques, il s'agit probablement d'un simple chasseur de diplôme : cette distance est le minimum requis pour se voir délivrer à l'arrivée la fameuse *compostela* en latin qui certifie que l'on a fait le pèlerinage. Cette distinction obtenue avec l'effort minimum suscite chez les « vrais » pèlerins une ironie mal dissimulée. En pratique, seuls se reconnaissent comme faisant partie de la confrérie les marcheurs qui ont parcouru l'un des grands itinéraires espagnols, à partir des Pyrénées. Saint-Jean-Pied-de-Port, Hendaye, le Somport sont des départs honorables. S'y ajoute, en vertu d'une tolérance liée à l'Histoire, le départ d'Oviedo. Quoiqu'il soit beaucoup plus court, le *Camino Primitivo* qui part de la capitale des Asturies suscite le respect pour deux raisons : il traverse de hautes montagnes, au prix de dénivelés plus importants et, surtout, il est le chemin des origines, celui qu'emprunta le roi Alfonse au IXe siècle pour aller voir la fameuse dépouille de Saint-Jacques qu'un moine venait de découvrir.

L'immense majorité des pèlerins emprunte ces itinéraires classiques, soit le *Primitivo*, soit ceux qui partent de la frontière française. On en rencontre cependant un certain nombre qui vient de beaucoup plus loin. Ils ne paient pas forcément de mine. Certains ont même l'air franchement à la peine. Pour un peu on les dirait de constitution délicate. Souvent, d'ailleurs, ils en rajoutent, pour que leur effet soit complet. À la question : « D'où es-tu parti ? », posée avec assurance par un pèlerin sûr de son fait qui a démarré au pied des Pyrénées, ils répondent, après un instant de feinte hésitation et en baissant les yeux modestement : « Le Puy » ou « Vézelay ». Un silence accueille ces titres de gloire. Si les présents portaient des chapeaux, ils les ôteraient, en signe de respect. Une fois administré ce premier uppercut, ces pèlerins d'exception ajoutent en général un chiffre, qui achève de mettre leur interlocuteur KO : « Cent trente-deux jours », proclament-ils. C'est le temps qu'ils viennent de passer à mettre chaque matin un pied devant l'autre.

J'ai cheminé avec un jeune étudiant qui était parti de Namur. Il portait un sac énorme, rempli d'objets inutiles mais qui avaient la propriété d'être des souvenirs ramassés en cours de route. J'ai croisé des Australiennes qui venaient d'Arles et un Allemand parti de Cologne.

Sur un bac, en traversant un des rios qui zèbrent la côte Cantabrique, j'ai rencontré un Haut-Savoyard qui était parti de chez lui, à Marignier, au-delà de Genève. Je l'ai croisé régulièrement par la suite. Ce n'était pas un très bon marcheur. Il avançait même un peu de guingois et se perdait souvent. Mais quoi qu'il fît, il était placé pour moi sur un piédestal car il me regardait du haut de ses deux mille kilomètres.

Certains pèlerins, paraît-il, viennent d'encore plus loin. Je n'en ai pas rencontré et je n'ai pas le sentiment que beaucoup de gens ont eu la chance d'en voir. Ce sont des êtres fabuleux. Ils font partie des légendes du Chemin, qui n'en manque pas et que les pèlerins se transmettent à voix basse pendant les veillées. Ces êtres venus de Scandinavie, de Russie, de Terre-Sainte sont des chimères magnifiques. Borné à son terme par Compostelle, le pèlerinage, grâce à eux, n'a plus de limites du côté de ses origines. Sur les cartes jacquaires, on voit ruisseler tous ces chemins vers l'entonnoir pyrénéen puis l'Espagne. Ils rident toute la surface de l'Europe et font rêver.

Certes, le point de départ ne dit pas tout car il existe encore des moyens de tricher. Le plus pratiqué consiste à faire le Chemin par morceaux. On rencontre ainsi parfois des marcheurs qui, au jeu des annonces, sortent une grosse carte : Vézelay, Arles ou Paris. Le doute s'installe s'ils sont étrangement propres et frais, au regard des centaines de kilomètres qu'ils prétendent avoir parcourus. Pour lever le soupçon, il suffit de poser la question qui tue : « Tu es venu… en une fois ? » Le vantard baisse alors la tête, toussote et finit par avouer qu'il s'est donné dix ans pour effectuer le parcours, par tranches d'une semaine. En réalité, il est parti la veille. « Chacun fait son chemin comme il l'entend. » D'accord, mais tout de même : il ne faut pas prendre les enfants du bon Dieu pour des canards sauvages.

Pourquoi ?

POURQUOI ?

C'est évidemment la question que se posent les autres, même quand ils ne vous la posent pas.

Chaque fois qu'au retour vous prononcerez la phrase : « Je suis allé à Compostelle à pied », vous noterez la même expression dans les regards. Elle traduit d'abord l'étonnement (« Qu'est-ce qu'il est allé chercher là-bas ? ») puis, à une certaine manière de vous dévisager à la dérobée, la méfiance.

Rapidement, une conclusion s'impose : « Ce type doit avoir un problème ». Vous sentez le malaise s'installer. Heureusement, nous vivons dans un monde où la tolérance est une vertu : l'interlocuteur se ressaisit bien vite. Il peint sur son visage une mimique enthousiaste qui exprime la joie, en même temps que la surprise. « Quelle chance tu as ! » Et il ajoute car, tant qu'à mentir, autant le faire avec conviction et emphase : « C'est mon rêve de faire ce chemin un jour… »

La question du « pourquoi » s'arrête en général sur cette phrase. En avouant qu'il caresse le même projet que vous, votre interlocuteur vous dispense, en même temps qu'il se dispense, de disserter sur les raisons qui peuvent pousser un adulte normalement constitué à marcher près de mille kilomètres avec un sac sur le dos. Alors, tout de suite, on peut passer au « comment » : Étais-tu seul ? Par où es-tu passé ? Combien de temps cela t'a-t-il pris ?

Il est heureux que les choses se déroulent ainsi. Car les rares fois où, au contraire, on m'a posé frontalement la question « *Pourquoi* êtes-vous allé à Santiago ? », j'ai été bien en peine de répondre. Ce n'est pas un signe de pudeur mais plutôt de profonde perplexité.

Au lieu d'exprimer son embarras, la meilleure solution est encore de livrer quelques indices, au besoin en les inventant, pour égarer la curiosité de celui qui vous interroge et le mener sur de fausses pistes : « Il y avait des coquilles Saint-Jacques sur les monuments dans la ville de mon enfance » (piste freudienne). « J'ai toujours été fasciné par les grands pèlerinages du monde » (piste œcuménique). « J'aime le Moyen Âge » (piste historique). « Je voulais marcher vers le soleil couchant jusqu'à rencontrer la mer » (piste mystique).

« J'avais besoin de réfléchir. » Cette dernière réponse est la plus attendue, au point d'être considérée généralement comme la « bonne » réponse. Elle ne va pourtant pas de soi. N'est-il pas possible et même préférable, pour réfléchir, de rester à la maison, de traîner au lit ou dans un fauteuil, ou, à la rigueur, de faire quelques pas sur un itinéraire proche et familier ?

Comment expliquer, à ceux qui ne l'ont pas vécu, que le Chemin a pour effet sinon pour vertu de faire oublier les raisons qui ont amené à s'y engager ? À la confusion et à la multitude des pensées qui ont poussé à prendre la route, il substitue la simple évidence de la marche. On est parti, voilà tout. C'est de cette manière qu'il règle le problème du pourquoi : par l'oubli. On ne sait plus ce qu'il y avait avant. Comme ces découvertes qui détruisent tout ce qui les a précédées, le pèlerinage de Compostelle, tyrannique, totalitaire, fait disparaître les réflexions qui ont conduit à l'entreprendre.

On aperçoit déjà ce qui fait la nature profonde du Chemin. Il n'est pas débonnaire comme le croient ceux qui ne se sont pas livrés à lui. Il est une force. Il s'impose, il vous saisit, vous violente et vous façonne. Il ne vous donne pas la parole mais vous fait taire. La plupart des pèlerins sont d'ailleurs convaincus qu'ils n'ont rien décidé par eux-mêmes, mais que les choses « se sont imposées à eux ». Ils n'ont pas pris le Chemin, le Chemin les a pris. De tels propos, j'en ai conscience, rendent suspect aux yeux de ceux qui n'ont pas connu cette expérience. Moi-même, avant de partir, j'aurais haussé les épaules en entendant ce genre de déclarations. Elles sentent la secte à plein nez. Elles révoltent la raison.

Pourtant, très vite, j'ai constaté leur justesse. Chaque fois qu'il s'est agi de prendre une décision, j'ai senti le Chemin agir puissamment en moi et me convaincre, pour ne pas dire me vaincre.

À l'origine, j'avais simplement décidé de faire une grande marche solitaire. J'y voyais un défi sportif, un moyen de perdre quelques kilos, une manière de préparer la saison de montagne, une purge intellectuelle avant d'entreprendre la rédaction d'un nouveau livre, le retour à une nécessaire humilité après une période marquée par les fonctions officielles et les honneurs… Rien de tout cela en particulier mais tout à la fois. Je n'avais pas envisagé précisément de parcourir le Chemin de Saint-Jacques. Il n'était qu'une des très nombreuses options que j'envisageais, du moins le croyais-je. J'étais encore à la phase où l'on rêve sur des livres, des récits, où l'on regarde des photos et des sites Internet. Je me croyais libre de décider, souverain. La suite devait me montrer que j'avais tort.

Peu à peu, mon choix s'est restreint et les options se sont resserrées (tiens, tiens !) autour des itinéraires vers Saint-Jacques.

Finalement, je n'ai retenu que deux possibilités : la Haute Route pyrénéenne et le Chemin de Compostelle par le nord. Les deux partent du même point : Hendaye. Il était donc possible de repousser la décision jusqu'à l'extrême limite. Je pouvais même à la rigueur choisir à la dernière minute, une fois arrivé sur place. Je rassemblai un équipement qui pouvait convenir pour l'un comme l'autre des itinéraires. La Haute Route traverse le massif pyrénéen d'ouest en est. Plusieurs variantes sont possibles : par des sentiers ou « hors piste ». Elle prend environ quarante jours. Elle est plus montagneuse et plus sauvage que le Chemin. Je me préparai donc à une longue marche en autonomie quasi totale et en milieu froid. Qui peut le plus peut le moins : si je choisissais finalement le chemin de Saint-Jacques, il me suffirait d'enlever quelques équipements de haute montagne et le tour serait joué. Je me croyais malin et j'avais, semblait-il, préservé ma liberté jusqu'au bout.

Des prétextes extérieurs m'aidèrent à recouvrir ma décision finale d'un semblant de rationalité : la Haute Route, au dernier moment, se révéla impraticable car « il était trop tôt dans la saison et certains passages seraient peut-être délicats, etc. ». Je choisis le Chemin de Compostelle. À la vérité, quand j'y pense, je ne faisais que céder à une attraction mystérieuse et de plus en plus forte. Je pouvais bien rationaliser, il n'avait jamais été sérieusement question que j'entreprenne autre chose. La variété des projets n'était qu'un leurre, un moyen commode pour masquer cette évidence désagréable : je n'avais en réalité pas eu le choix. Le virus de Saint-Jacques m'avait profondément infecté. J'ignore par qui ou par quoi s'est opérée la contagion. Mais, après une phase d'incubation silencieuse, la maladie avait éclaté et j'en avais tous les symptômes.

L'amour en chemin

OMMENT choisit-on son point de départ ? Il y a deux grandes philosophies, que La Palice pourrait exprimer ainsi : soit on part de chez soi, soit on part d'ailleurs. Le choix est plus sérieux qu'il n'y paraît et nombre de pèlerins m'ont fait confidence qu'il avait été difficile. L'idéal (paraît-il, car ce n'est pas le mien) c'est, comme le Haut-Savoyard dont j'ai parlé, de sortir de sa maison, d'embrasser sa femme et ses enfants, de caresser le chien qui remue la queue parce qu'il espère vous accompagner, de refermer le portail du jardin et de partir.

Ceux qui n'ont pas cette possibilité parce qu'ils habitent trop loin ou ne disposent pas d'assez de temps, doivent se rapprocher du but, se placer au plus près de l'Espagne, raccourcir le parcours pour le rendre à leur mesure. Ils ne partiront pas de chez eux, mais d'où alors ? Les chemins sont nombreux, les points de départ possibles innombrables. Le choix est difficile. Il dépend de quelques facteurs objectifs : le temps dont on dispose, les lieux que l'on aimerait visiter, les guides que l'on a achetés, les récits que des amis ont pu vous faire. Cependant, des facteurs plus subtils et parfois moins avouables entrent en ligne de compte.

Autant mentionner tout de suite une réalité que le lecteur découvrira tôt ou tard et qui ne pourra pas le surprendre plus qu'elle ne m'a surpris moi-même : le Chemin est un lieu de rencontres, pour ne pas dire de drague. Cette dimension influence nombre de pèlerins, en particulier pour ce qui concerne le lieu de leur départ. Encore faut-il distinguer à quelle demande sentimentale répond le pèlerinage. Il y a en vérité plusieurs démarches affectives, sur le Chemin.

La première est celle des amoureux de fraîche date mais qui ont déjà rencontré l'âme sœur. Les petits amis, les compagnons, les fiancés, appartiennent à cette catégorie. Ils sont souvent très jeunes : des tourtereaux chaussés de Nike, en pleine santé, des écouteurs sur les oreilles. Ce dont il s'agit, pour eux, c'est de donner à leur relation le coup de pouce final, celui qui les conduira devant l'autel, à la mairie ou, à tout le moins, au pied du berceau. Le Chemin est l'occasion d'un tendre rapprochement. On marche main dans la main le long des nationales et, quand un camion passe, un délicieux frisson parcourt les échines et rapproche les pèlerins énamourés. Ils vont d'église en église, sur ce chemin sacré et il y a de quoi, espère le plus passionné des deux, donner des idées à l'autre. Le soir, dans les monastères, une joyeuse sarabande mêle fous rires et chairs dénudées dans des lavabos que les moines, qui s'y connaissent, veillent à laisser mixtes.

Sur les bat-flanc, on chuchote, on roucoule et, faute de pouvoir commodément passer à l'acte, on se promet l'amour éternel et la fidélité.

Pour ces amoureux-là, le Chemin est utile, mais il ne faudrait pas trop qu'il dure. Au bout de quelques jours, ces troupes qui vont en bandes pourraient voir les sens s'égarer. Le promis est tenté de regarder un autre décolleté que celui de sa promise. Quant à la jeune fille, conquise de haute lutte, elle pourrait bien faire des comparaisons dont ne sortirait pas toujours victorieux celui qui l'a conduite jusque-là. Aussi, ces couples réservent-ils leurs efforts pour les ultimes kilomètres. Ils ne parcourent que les toutes dernières étapes. On les rencontre en grand nombre sur les sentiers de Galice. Comme ces oiseaux qui indiquent au navigateur la proximité de la mer, ils sont signe, pour le pèlerin, que Compostelle est proche.

Il en va tout autrement de la deuxième catégorie : celle des marcheurs qui cherchent l'amour mais ne l'ont pas encore trouvé. Ceux-là sont en général plus âgés : ils ont connu la vie, parfois la passion et même le mariage. Puis le bonheur s'est défait et ils ont tout à recommencer. À un moment ou à un autre, le Chemin leur est apparu comme la solution. Moins désincarné que les sites de rencontre sur Internet, il permet de se retrouver en présence d'êtres en chair, en os et en sueurs. La fatigue de la marche amollit les cœurs. La soif et les ampoules aux pieds rapprochent, et donnent l'occasion de prodiguer ou de recevoir des soins. Celui ou celle pour qui la ville est impitoyable, avec sa concurrence terrible, ses modèles tyranniques qui condamnent le gros, le maigre, le vieux, le laid, le pauvre, le chômeur, découvre dans la condition de pèlerin une égalité qui laisse sa chance à chacun.

Ceux-là et d'autant plus que la nature les a moins favorisés, préfèrent partir de très loin, pour mettre toutes les chances de leur côté. Sur des centaines de kilomètres, on les retrouve et on peut les observer. On voit ces éclopés de l'amour se rapprocher, se flairer, s'éloigner ou s'unir. On les voit manquer leur but, être cruels parfois avec tel autre qui aimerait leur ouvrir son cœur mais qui ne leur plaît pas. On voit des désillusions au bout de quelques étapes, quand celui qui aurait pu être le grand amour tant cherché a fini par avouer, en gravissant une côte, qu'il est marié et qu'il aime sa femme. Mais on voit aussi des couples authentiques se former et on espère qu'ils seront heureux.

Pour se donner du courage sans doute, les filles partent souvent en groupe. J'en ai rencontré qui venaient de très loin, avaient traversé la France, sans trouver hélas ! celui qu'elles espéraient. Elles attaquaient courageusement l'Espagne et souvent, quelques étapes plus tard, l'une d'elles disparaissait. Elle suivait un autre groupe et tentait sa chance auprès d'un nouveau prince charmant. Assez bêtement, en observant ces scènes, je pensais à l'expression : trouver chaussure à son pied.

Le Chemin est dur, mais il a parfois la bonté d'exaucer les vœux les plus intimes. Il faut savoir persévérer.

On raconte l'histoire d'un accordéoniste qui gagnait sa vie sur le Chemin en jouant de son instrument à chaque étape. Il venait de divorcer, était très malheureux et j'imagine qu'il jouait des complaintes tristes, sans grand succès auprès des femmes. Arrivé à Compostelle, il s'est inscrit dans une association de musiciens. Là, il a rencontré une Allemande qui avait la même passion que lui et autant de blessures à l'âme. Ils se sont mariés et, chaque année, reviennent ensemble sur le Chemin. La musique qu'ils jouent maintenant ensemble est pleine de gaîté et de charme. L'histoire est sans doute trop belle pour être vraie, mais c'est avec de telles légendes que l'on entretient l'espoir de tous ceux qui se recommandent à Santiago, pour n'être plus malheureux.

La troisième catégorie, moins romantique mais non moins attendrissante, est constituée par ceux qui ont connu l'amour il y a bien longtemps, ont contracté les liens sacrés du mariage et subi son usure, au point qu'ils aspirent surtout à retrouver la liberté. C'est une liberté gentille, qui ne casse pas tout, qui ne fait pas de mal à l'autre mais qui, grâce à l'intervention providentielle de Saint-Jacques, justifie que l'on puisse souffler un peu.

Le volontaire de l'association des Amis de Saint-Jacques qui m'a accueilli à Paris et donné ma *credencial* appartenait à cette catégorie. Quand je lui demandai de me raconter son propre pèlerinage, il le fit avec les larmes aux yeux. Malgré son âge avancé, il avait très bien supporté l'effort de la marche. Sa liberté nouvellement conquise l'avait à ce point grisé que, arrivé à Compostelle… il ne s'était pas arrêté ! Il avait continué sur un sentier qui descendait vers le Portugal. Si un pont avait enjambé les eaux de l'Atlantique pour rejoindre le Brésil, il s'y serait engagé sans hésiter. Le malheureux évoquait cette folie avec un sourire nostalgique. Quand je lui demandai comment les choses s'étaient terminées, il se renfrogna. Je compris que sa femme avait dû prendre un avion, un train et deux autobus pour le retrouver et le ramener à la maison. Mais il avait goûté à la liberté et il ne comptait pas y renoncer. Il était reparti dès l'année suivante et vivait toujours dans l'espoir d'un nouveau départ.

Il m'interrogea sur mes intentions. D'où allais-je partir ? Je n'y avais pas réfléchi. N'appartenant à aucune des catégories précitées, je n'avais pas, pour guider mon choix, de considérations affectives. Je voulais marcher, un point c'est tout. J'avouai au volontaire de mon intention de partir d'Hendaye, à cause de mes hésitations concernant la grande traversée des Pyrénées. Il me regarda avec ironie :

— Vous ferez comme vous voudrez, me dit-il.

Cette antiphrase cachait une certitude bien ancrée en lui, et en moi aujourd'hui : de toute façon, avec le Chemin, on ne fait jamais ce que l'on veut. On peut bien raisonner, élaborer d'autres plans, il finit toujours par l'emporter et c'est ce qui arriva.

L'homme de l'association avait écarté mes doutes mais retenu un seul mot : Hendaye.

— Si vous partez d'Hendaye, vous ferez le Chemin du Nord.

Il y a deux chemins jacquaires principaux en Espagne, à partir de la frontière française. Le premier est appelé *Camino Frances* : à part l'étape de franchissement des Pyrénées à Roncevaux, il ne comporte guère de difficultés. C'est de très loin le plus fréquenté. Certains jours, cent cinquante pèlerins s'élancent en même temps de Saint-Jean-Pied-de-Port...

L'autre, c'est le chemin côtier, encore appelé Chemin du Nord. Il a la réputation d'être moins bien balisé, plus difficile. Il part du Pays basque français et suit les villes de la côte San Sebastián, Bilbao, Santander.

— Le Chemin du Nord..., bredouillai-je. Oui, c'était mon intention. Qu'en pensez-vous ? L'avez-vous fait ?

L'homme alla fouiller dans un placard poussiéreux et sortit un petit tas de feuilles ronéotypées, des cartes, une brochure. Ses mains tremblaient quand il me les tendit et je vis que ses yeux brillaient.

— Le Chemin du Nord ! me dit-il en haletant. Il faut choisir le Chemin du Nord. Je l'ai suivi, oui... mais seulement la deuxième fois. Car, voyez-vous, on me l'avait interdit.

— Interdit ?

— C'est une façon de parler. Quand j'étais venu chercher ma *credencial*, comme vous, là, aujourd'hui, je suis tombé sur un homme qui...

Je vis passer dans ses yeux une lueur de haine.

— Qui m'a dit que j'étais trop vieux, cracha-t-il. Que

je ne tiendrais pas le coup. C'est à cause de lui que j'ai suivi d'abord le *Camino Frances*. Mais j'enrageais, Monsieur, j'enrageais ! L'année suivante j'ai dit à ma femme : cette fois, je fais le *Norte*. Et j'y suis allé.

— Alors ?

— Alors je n'ai eu aucun problème, pardi. Trente kilomètres par jour en moyenne ! Et je ne suis pas un athlète.

Un silence se fit. J'étais un peu gêné par tant de passion. C'est que je ne connaissais pas encore le Chemin. Soudain, je sursautai. L'homme m'avait pris par le bras.

— Allez-y, Monsieur ! me cria-t-il. Faites le *Norte*. C'est le plus beau, croyez-moi, le plus beau.

Je le remerciai et pris la fuite en me disant que, décidément, ce pèlerinage était une affaire d'exaltés et que je devais rester prudemment sur mes sentiers de montagne. Je décidai sans hésitation de faire la Haute Route des Pyrénées.

Huit jours après, je partais pourtant vers Compostelle, en suivant le Chemin du Nord.

Mise en route

J'AI PRIS LE TGV jusqu'à Hendaye. À vrai dire, à plus de deux cents kilomètres à l'heure dans un wagon confortable, on se sent un peu ridicule avec son équipement de pèlerin. Et, quand le train repart, après vous avoir déposé sur le quai, on mesure l'anachronisme de son projet. Quel sens cela a-t-il, au XXIe siècle, de parcourir un tel chemin *à pied* ? La réponse n'est vraiment pas évidente. Mais on n'a guère le temps d'approfondir le sujet ; un vent froid balaie le quai désert, car la tiédeur du mois de mai se dissipe vite sous les bourrasques venues de l'Atlantique. Les autres voyageurs sont déjà partis, tirant allégrement leur petite valise à roulettes. On tasse un peu son barda mal ficelé, on le charge sur son dos. Il paraît déjà plus lourd qu'à la maison.

Ce premier soir, à Hendaye, je bornai mon effort à traverser la place de la gare et à monter par une ruelle charmante, donc touristique, jusqu'à l'hôtel où j'avais réservé une chambre.

En cette dernière nuit avant le départ, j'avais tenu à m'accorder ce luxe : une vraie chambre, dans un véritable hôtel, avec un H sur fond bleu et une étoile (restons modeste, tout de même). Au moment de quitter la France pour un voyage de chemineau, il n'y a pas de raison de se priver du plaisir de faire une dernière fois l'expérience d'une chambre exiguë qui sent le moisi, d'une douche pour enfant malingre, d'un patron désagréable qui vous demande avec l'œil mauvais de payer tout de suite et de poivrots qui braillent sous votre fenêtre jusqu'à une heure tardive. Il est bon d'emporter tout frais un souvenir du pays. Revigoré par cette expérience et sans avoir fermé l'œil de la nuit, je me retrouvai dehors à 7 h 30. Sans perdre de temps à visiter Hendaye (certainement une très belle ville), je mis le cap sur le pont de Santiago, un ouvrage autoroutier qui enjambe la Bidassoa et conduit en Espagne.

J'avais en mémoire les descriptions très précises du guide que j'avais emporté et déjà cent fois lu. Chaque croisement m'était familier. Les voies rapides elles-mêmes prenaient un certain charme car elles donnaient une couleur – le gris du bitume – aux traits tracés sur la carte routière. En ces premiers instants de marche, on ne peut encore mesurer ce que sera le Chemin, son ampleur, sa démesure. Je traversai Irún avec l'impression de faire simplement une grande promenade mais, surtout, de l'avoir mal choisie.

Puis arriva la sortie de la ville et j'étais toujours à pied. J'achetai une bouteille d'eau à un épicier grognon. En sortant de sa boutique, je compris qu'elle était située juste devant la bifurcation qui faisait entrer le Chemin dans la campagne. Les pèlerins devaient tous faire halte chez lui et leur irruption n'était plus une distraction, seulement une routine et pas des plus agréables, compte tenu de leurs habitudes de consommation. Après avoir longuement délibéré, je décidai de n'acheter qu'une demi-bouteille car il y avait sûrement des points d'eau dans les parages. L'homme encaissa mes trente-cinq centimes avec un soupir navré.

Désaltéré, je traversai la grande route et empruntai le sentier qui piquait enfin vers la verdure. Un peu plus loin, il prenait un aspect tout à fait antique et enjambait une petite rivière par le moyen d'un pont de pierre.

Mes émois de pèlerin novice étaient puissants. J'avais envie de chanter. Il me semblait que, d'ici peu, j'allais traverser la forêt de Brocéliande, croiser des chevaliers, des monastères en pierre. Inutile de préciser que je m'exalte vite. Le seul moyen dont je dispose pour apaiser ces ardeurs d'imagination est d'inventer des histoires et d'écrire des romans. Sans le savoir, j'avais découvert un nouveau remède à mes enthousiasmes, en m'élançant vers Saint-Jacques. Car le Chemin est plein de contrastes et douche régulièrement les élans d'imagination. Il se charge de mettre, si j'ose dire, le pèlerin au pas. En effet, la nature où j'avais cru être plongé n'était qu'une fausse alerte, une mise en bouche. Très vite revinrent les murs en parpaing, les potagers misérables, les tinettes de jardin, les chiens schizophrènes, entravés par des chaînes mais dressés à se mettre en furie dès qu'un passant approche.

L'exaltation retombe immédiatement. Peut-être est-il possible d'avoir recours à des méthodes artificielles pour la stimuler. Mais il doit falloir beaucoup d'alcool ou de cannabis pour confondre ces corniauds avec des Démons cracheurs de feu et la vieille dame qui sort sur le pas de sa porte pour les apostropher avec la Dulcinée de Don Quichotte.

La vérité est que le désenchantement du monde est très accéléré sur ce Chemin qui est pourtant supposé faire revivre des émotions venues du fond des âges. Je dirais qu'il faut à peu près deux heures pour revenir à la réalité et la voir avec des yeux dessillés : le Chemin est un chemin, voilà tout. Il monte, il descend, il glisse, il donne soif, il est bien ou mal indiqué, il longe des routes ou se perd dans des bois et chacune de ces circonstances présente des avantages — mais aussi pas mal d'inconvénients. Bref, en quittant le domaine du rêve et du fantasme, le Chemin apparaît brutalement pour ce qu'il est : un long ruban d'efforts, une tranche du monde ordinaire, une épreuve pour le corps et l'esprit. Il faudra batailler rude pour y remettre un peu de merveilleux.

L'attention du marcheur est d'ailleurs très vite accaparée par un objectif plus prosaïque : ne pas se perdre. Pour éviter de s'égarer, il faut être constamment à la recherche des signes qui balisent le chemin. Les marques jacquaires sont de plusieurs types et le pèlerin apprend vite à les repérer. Leur découverte devient une seconde nature. Dans un vaste paysage, plein de détails, de plans et d'arrière-plans, l'œil pérégrin, tel un radar, détecte instantanément la borne, la flèche, l'inscription qui le dirigent vers Saint-Jacques. Ces signes sont disposés de loin en loin sans que l'on puisse définir un intervalle constant entre eux. Avec l'expérience séculaire du pèlerinage, ils se sont peu à peu placés aux endroits simplement nécessaires. Ici, une bifurcation de route où ceux qui passent se montrent hésitants : une borne jacquaire en ciment indique sans ambiguïté le choix à faire. Là, une portion rectiligne un peu longue qui, au bout d'un moment, suscite le doute et l'envie de rebrousser chemin : une flèche jaune rassure et incite à continuer. Ces grandes flèches jaunes, faciles à tracer et peu onéreuses, sont les simples soldats du balisage tandis que les bornes, avec leurs coquilles en céramique, feraient plutôt figure d'officiers. Quoiqu'elles occupent des lieux identiques depuis le Moyen Âge, ces balises ont pris désormais un aspect moderne : fond bleu du même ton que le drapeau européen, coquille stylisée formée de lignes en éventail qui se rassemblent en un point. Parfois, à l'entrée d'une ville ou au voisinage d'un grand axe, la même coquille s'étale sur un énorme panneau routier, accompagnée d'inscriptions menaçantes du type : « Attention, pèlerins ! » Ainsi, le marcheur est informé en même temps qu'il est sur la bonne voie et qu'il risque d'y laisser la peau.

En cette première matinée, je n'en étais pas encore là. Lecteur débutant de l'écriture jacquaire, je me bornais à scruter attentivement les abords du chemin pour y déceler les traces jaunes ou les coquilles bleues, sans pouvoir encore m'en remettre à des automatismes.

Après être sorti d'Irún, les flèches me menèrent jusqu'au mont Jaizkibel, que le Chemin gravit puis longe. C'est une agréable petite montagne et elle permet de voir tout le panorama dans la vallée au-dessous. De temps en temps, un belvédère découvre une immensité de terres et d'eaux, jusqu'à l'horizon. Et l'on commence à comprendre que les merveilles du Chemin existent bien, mais qu'elles ne sont pas permanentes. Il faut les chercher, certains diront les mériter. Le pèlerin ne marche pas avec en permanence sur les lèvres le sourire extatique du sadhou indien. Il grimace, peine, jure, se plaint et c'est sur ce fond de petites misères permanentes qu'il accueille de temps en temps le plaisir, d'autant plus apprécié qu'il est inattendu, d'une vue splendide, d'un moment d'émotion, d'une rencontre fraternelle.

Cette première étape est une des plus belles de tout le *Camino del Norte*. Après les pentes du Jaizkibel, le sentier descend jusqu'à un petit estuaire, entre deux rives escarpées. Il faut prendre un bac pour le traverser. C'est une barque à moteur minuscule sur laquelle s'entassent les gens du lieu qui vont faire leurs courses. Sur le quai, de l'autre côté, on prend à droite, vers la mer, et l'on remonte ensuite une côte escarpée qui surplombe un joli petit phare rouge et blanc. Le chemin douanier longe la mer à une grande hauteur et découvre sans cesse des brèches par lesquelles apparaît l'horizon marin.

Le décor de landes et de halliers, les falaises noires, la mer bleu sombre et ses houles venues du grand large, tout évoque l'Irlande plutôt que l'Espagne.

Gâté par cette première étape de beautés et de nature sauvage, le pèlerin peut être saisi d'un faux espoir et penser que le Chemin lui offrira de telles faveurs sur toute sa longueur. Laissons-le rêver : le temps viendra bien assez vite où il lui faudra traverser des banlieues sans grâce et suivre des autoroutes. En ce début de voyage, le novice demande à être rassuré et le paysage s'y emploie. Car, parvenu tout au bout de la côte escarpée et sauvage qu'il a longée pendant plusieurs heures, le marcheur découvre une nouvelle splendeur : à ses pieds s'ouvre la baie de San Sebastián. L'arrondi parfait de ses plages ourlées d'une dentelle d'écume, la majesté d'un front de mer conçu tout autant pour voir que pour être vu, la perspective rectiligne de longues avenues aux trottoirs larges où flânent les passants, tout, à Donostia (l'autre nom de San Sebastián) est propre à ravir le pèlerin saturé de rocs sombres et d'oiseaux de mer.

S'amorce alors une longue descente sur des calades bien entretenues, qui serpentent au milieu de terrasses plantées de tamaris.

Un sauvage dans la ville

IL S'ÉTAIT MIS à pleuvoir pendant que je descendais et San Sebastián fut bientôt voilé par un rideau de bruine qui ajoutait à son charme. Hélas ! Ce surcroît de beauté suscitait aussi une préoccupation plus matérielle : il me fallait tirer de mon sac les vêtements de pluie, les enfiler et faire l'expérience, pour la première fois, de leurs défauts. L'anxiété, en ce premier jour, m'avait pressé et j'avais marché sans prendre le temps de manger ni de boire. La vision de la ville me rappela d'un coup ces nécessités : l'envie de me mettre à table ne tarda pas à me faire oublier le ravissement du spectacle. Pour une fois, j'avais le ventre plus gros que les yeux.

À ce propos, j'hésite à relater un premier incident. Je le rapporte quand même car il est une étape significative à mes yeux de l'adaptation à la condition de pèlerin. La clochardisation du marcheur se fait très vite. Si délicat et policé que l'on parte, on ne tarde guère, sous l'effet du Chemin, à perdre sa pudeur, en même temps que sa dignité. Sans devenir tout à fait une bête, on n'est déjà plus complètement un homme. Ce pourrait être la définition du pèlerin.

Parvenu au milieu de l'interminable descente vers San Sebastián, et peut-être dérangé par ces pensées digestives, je fus pris d'une envie irrépressible que la constipation de ces derniers jours expliquait aisément. Chaque pas me résonnait dans le ventre de façon atroce. J'étais parvenu à l'endroit du coteau où il est planté d'arbres rares, parcouru d'allées et de bassins : un véritable jardin public. Il continuait de pleuvoir et il n'y avait personne en vue. Que faire ? En d'autres circonstances, j'aurais sans doute montré de l'héroïsme et continué la descente en me contenant. À ma grande surprise, le pèlerin déjà présent en moi me commanda d'agir tout autrement. Je posai mon sac sur une table de pierre destinée au pique-nique des familles et, enjambant une haie taillée, j'allais m'accroupir sur un parterre.

Je retournai à mon sac en proie à une soudaine frayeur : quelqu'un m'avait peut-être vu. Le parc était ouvert de tous côtés et, sur cette colline escarpée, on pouvait observer toute la pente depuis le haut. Que se passerait-il si j'étais pris, poursuivi pour m'être soulagé dans un jardin public au Pays basque ? J'imaginais un instant le scandale quai Conti. À cette idée, j'éclatai de rire, repris mon sac et continuai la marche sans me retourner. Je serrai ma capuche autour de ma tête et disparus du lieu de mon forfait, ombre grise au milieu des arbres tristes, enveloppés de pluie. C'est par de telles expériences que l'on mesure sa nouvelle faiblesse, qui est une grande force. On n'est plus rien ni personne, seulement un pauvre pèlerin dont les gestes sont sans importance. Eussé-je été découvert que nul ne m'aurait fait de procès. J'aurais seulement été chassé à coup de pied, comme l'insignifiant chemineau que j'étais déjà devenu.

Peut-être est-ce là une des motivations du départ. En tout cas, ce fut le cas pour moi. À mesure que la vie vous façonne, vous leste de responsabilités et d'expériences, il paraît de plus en plus impossible de devenir un autre, de quitter le pesant costume qu'ont taillé pour vous vos engagements, vos réussites et vos erreurs. Le Chemin, lui, accomplit ce miracle.

J'avais enfilé successivement, pendant les années précédentes, des oripeaux sociaux prestigieux, mais dont je ne souhaitais pas qu'ils deviennent le luxueux linceul de ma liberté. Or, voilà que l'ambassadeur servi en sa résidence par quinze personnes en veste blanche, que l'académicien reçu sous la coupole au son des tambours en venait à courir entre les troncs d'arbres d'un jardin public inconnu pour cacher le plus insignifiant et le plus répugnant des forfaits. Croyez-moi si vous le voulez, mais c'est une expérience utile et je ne serais pas loin de la conseiller à quelques autres.

C'est toujours sous une pluie fine que je traversai San Sebastián, avec ses grandes avenues rectilignes, et gagnai le bord de mer. Cette première étape continua de m'instruire sur ma nouvelle condition : un pèlerin n'arrive jamais nulle part. Il passe, voilà tout. À la fois, il est immergé dans l'endroit où il se trouve (son état de piéton le met en contact direct avec le lieu et ses habitants) et il en est terriblement éloigné car son destin est de ne pas rester. Sa hâte de partir, même s'il prend soin d'aller lentement, est inscrite dans toute son apparence. Il est à peine un touriste : celui-ci visite les monuments au pas de course mais au moins est-il venu pour les voir. Tandis que la raison de la présence du pèlerin est à chercher ailleurs, au terme de sa quête, sur le parvis de la cathédrale de Compostelle.

Dans l'aristocratique San Sebastián, avec son front de mer luxueux, ses villas cossues, ses belles boutiques, j'ai tout de suite pris la mesure de mon insignifiance, presque de mon invisibilité. On ne voit pas le pèlerin. Il ne compte pas. Sa présence est éphémère, négligeable. Les gens, dans les rues, vaquent à leurs occupations et même ceux qui flânent ou font leur jogging semblent ne pas remarquer le cafard déjà bien sale, mal rasé, qui marche ployé sous son sac à dos de guingois.

Parvenu sur la baie de la Concha avec son orbe parfait, je suis descendu sur le sable. La pluie avait chassé les passants du bord de mer et la plage était vide. Pourtant, une éclaircie avait apporté un répit. Il ne pleuvait plus. L'horizon prenait des teintes émeraude et indigo qui tranchaient avec le vert des îles et des côtes. Je posai mon sac sur le sable, ôtai mes chaussures et allai me tremper les pieds dans la mer tiède. Puis je revins à mes affaires et me couchai sur le sable. Le tableau pur de l'horizon marin s'encadrait entre mes pieds nus, rougis par la marche. Les promeneurs étaient revenus et des chiens de compagnie s'ébrouaient de nouveau dans le sable. Ni les humains ni les bêtes ne faisaient attention au Jacquet échoué sur la plage, dans une tenue bien peu digne d'une station de villégiature aussi chic. Mais, comme ces déchets que nul ne se donne la peine d'enlever car on sait que la mer les remportera, le pèlerin, pour déplacé qu'il soit dans le paysage, n'inquiète pas les habitants du lieu, certains qu'ils sont de le voir repartir sous peu. C'est ce que j'ai fait bientôt, d'autant que des gouttes s'étaient remises à tomber. Je longeai de longues plages, passai des tunnels et me trouvai bientôt de l'autre côté de la ville, au pied du mont Igueldo. Je suivis le chemin qui serpentait au milieu de programmes immobiliers de grand luxe, avec, comme il se doit en cette avant-saison, tous les stores fermés et, peu à peu, je quittai la ville.

C'est que, malgré l'existence à San Sebastián de plusieurs *albergue* pour pèlerins, mon intention était dès ce premier soir de camper en pleine nature.

Premier bivouac clandestin

L'ÉTAPE avait déjà été longue et je soufflais un peu en gravissant les flancs du mont Igueldo. À pied, il est toujours long de se séparer des villes. Même si, de ce côté-là, San Sebastián s'ouvre assez vite sur la campagne et des landes côtières sauvages, il faut tout de même dépasser les dernières habitations, les petits bourgs que le voisinage de la grande ville a gonflés de maisons neuves.

Sur un chemin étroit, à la sortie d'un de ces villages pavillonnaires, j'eus la surprise et le plaisir de découvrir un signe amical. Quelqu'un avait disposé le long d'un mur une petite table destinée aux pèlerins. Des jarres d'eau permettaient de remplir les gourdes vides. Protégé par un auvent, un registre recueillait les commentaires que les marcheurs voulaient bien laisser. Une pancarte leur souhaitait un bon pèlerinage et leur indiquait avec une précision dont on ne pouvait dire si elle était cruelle ou charitable qu'il leur restait « seulement » sept cent quatre-vingt-cinq kilomètres à parcourir jusqu'à Saint-Jacques. Surtout, attaché à son encreur par une petite chaîne, un tampon permettait d'authentifier l'étape. À San Sebastián, je n'étais pas parvenu à faire apposer un cachet sur ma *credencial,* car l'office du tourisme était fermé à l'heure où j'étais passé. Pèlerin novice, je n'avais pas encore l'expérience qui permet aux plus confirmés de faire tamponner leur passeport jacquaire dans les pharmacies, les bars, les bureaux de poste ou même les commissariats de police. J'étais donc reparti bredouille. Voilà que, sur cette portion anonyme de chemin, presque au milieu de nulle part, j'allai moi-même, avec émotion, placer le premier jalon de mon parcours de papier, grâce à ce tampon qui représentait une belle coquille rouge. J'écrivis un mot enthousiaste pour l'inconnu qui m'avait fait ce cadeau, avec la même reconnaissance que Brassens pour son Auvergnat. Puis je continuai.

L'après-midi était bien avancée. Le soleil était revenu et, avec lui, une chaleur humide qui me faisait suer à grosses gouttes. Il fallait presser le pas pour trouver un lieu propice au camping sauvage.

J'en repérais plusieurs mais, en m'approchant, je les trouvais chaque fois trop près des fermes, trop en vue de la route ou pas assez plats. Enfin, vers la tombée du soir, en enjambant une clôture de barbelés, je découvris une portion de champ qui me parut convenable. Par-dessus les haies, on voyait la mer jusqu'à l'horizon. De gros cargos croisaient au large. Je montai ma tente, disposai tous les accessoires du bivouac et, sur un réchaud, fis cuire mon dîner.

La nuit tomba et je la contemplai longtemps avant de me coucher pour de bon. En une journée, j'avais tout perdu : mes repères géographiques, la stupide dignité que pouvaient me conférer ma position sociale et mes titres. Cette expérience n'était pas la coquetterie d'un week-end mais bien un nouvel état, qui allait durer.

En même temps que j'en subissais l'inconfort et que je pressentais les souffrances qu'il me ferait endurer, j'éprouvais le bonheur de ce dépouillement. Je comprenais combien il était utile de tout perdre, pour retrouver l'essentiel. Ce premier soir, je mesurais la folie de l'entreprise autant que sa nécessité et je me dis que, tout bien considéré, j'avais bien fait de me mettre en route.

*

Avec un entraînement physique minimum, il est assez facile d'affronter les journées du pèlerin. Les nuits, c'est autre chose. Tout dépend de l'aptitude que l'on a à dormir n'importe où et avec n'importe qui. Il y a beaucoup d'injustice, en cette matière : certaines personnes, à peine la tête sur l'oreiller, s'endorment profondément et un train qui passe à proximité ne les réveille pas. D'autres, dont je fais partie, sont habitués aux interminables heures passées à plat dos, les yeux grands ouverts, les jambes agitées d'impatiences. Et quand, au terme de ces longues attentes, ils finissent par s'assoupir, une porte qui grince, une conversation chuchotée, un simple frôlement suffisent à les réveiller.

On peut, bien sûr, avoir recours aux somnifères. Hélas ! j'en ai fait dans ma vie une si grande consommation qu'ils ne me sont plus d'aucune utilité, sinon pour ajouter la migraine à l'insomnie.

Dans ces conditions, la nuit n'est pas un repos mais une épreuve. Pendant la longue aventure qu'est le Chemin, les nuits sans sommeil ne peuvent se répéter trop souvent, sauf à peser sur le pèlerin d'un poids plus lourd que son sac à dos.

Tout le long des chemins de Compostelle, particulièrement en Espagne, des haltes spéciales sont organisées qui portent le nom d'*albergue*. Ce sont les héritières des anciens « hostels de pèlerins » du Moyen Âge. Leur particularité est l'extrême modestie de leur coût. Pour quelques euros, on dispose d'un lit, d'une douche collective, d'un coin où l'on peut se restaurer et cuisiner. Ces services sont délivrés dans une ambiance frugale de type auberge de jeunesse voire hébergement d'urgence après catastrophe naturelle. Certaines de ces auberges pour pèlerins sont situées dans des monastères, d'autres ont un caractère plus laïc, dans des locaux municipaux. Certaines, enfin, sont privées. Rien ne me rebute dans ces endroits, ni la promiscuité, ni les odeurs corporelles, ni l'amabilité plus que relative de certains « hospitaliers ». La seule chose qui m'empêche de m'y sentir bien est la certitude qui m'étreint, dès le seuil franchi, que j'y trouverai certainement le gîte, peut-être le couvert mais sûrement pas le sommeil. Pire, dans ces lieux où se mêlent les personnes les plus diverses, je sais que m'apparaîtra à nouveau de façon douloureuse le scandale de la nature qui fait dormir certains, tandis que d'autres ne ferment pas l'œil. Cet avantage seul suffirait à faire détester les privilégiés à qui les dieux ont donné la faculté de trouver le sommeil partout ; il s'y ajoute leur propension, sitôt qu'ils s'endorment, à émettre des ronflements qui ôtent toute chance aux autres d'y parvenir. Les responsables de ces nuisances sonores ne sont pas toujours faciles à repérer, de sorte qu'on n'est jamais certain de s'en tenir éloigné, au moment où on choisit sa couche. Certes, le ronfleur est souvent un homme, de forte corpulence, aussi discret et silencieux dans la journée que bruyant sitôt les lumières éteintes. Mais j'ai déjà rencontré pour mon malheur d'innocentes petites femmes, frêles et au souffle délicat qui, à peine endormies, transforment leurs fosses nasales en olifant, maniant aussi puissamment cette trompe que Roland à Roncevaux. Sentant bien qu'un jour ou l'autre je finirai par commettre l'irréparable sur un de ces ronfleurs, j'ai décidé de me placer le moins souvent possible dans cette situation dangereuse et je suis parti avec une tente.

Dans mon expérience d'alpiniste, les refuges constituent des épreuves de même nature que les *albergue* et j'ai depuis longtemps résolu de m'y soustraire en campant. Autrefois, cela contraignait à porter un lourd matériel. Il existe aujourd'hui des tentes de montagne très bien conçues qui pèsent à peine un kilo. En ajoutant un sac de couchage d'extérieur et un tapis de sol, on peut être bien équipé pour moins de trois kilos. Faudrait-il en porter dix que je jugerais cet effort négligeable, pourvu qu'il m'assure des nuits paisibles. En plus, j'aime dormir dehors. L'air passe à travers la tente et donne au dormeur, fût-il éveillé, un souffle plus ample, qui est celui de la nature. On peut bouger sur le sol, prendre ses aises, chanter, réciter des poèmes, allumer la lumière : on ne gêne personne d'autre que les animaux venus rôder et qu'on entend parfois piétiner tout près.

Le camping sauvage est strictement interdit en Espagne, même le bivouac (campement dressé entre le coucher et le lever du soleil). Il est évidemment très difficile de faire respecter une telle interdiction. Rien n'apporte plus de jouissance que de transgresser une loi inapplicable. Cela donne le sentiment d'être plus raisonnable que la société. De surcroît, c'est un acte minuscule de résistance et, comme tel, il est source de fraternité.

Car on découvre bien vite que la population espagnole manifeste une grande indulgence à l'égard des campeurs : non seulement elle les tolère, mais elle les aide.

Heurs et malheurs
du pèlerin campeur

LES PREMIÈRES ÉTAPES du Chemin, de la frontière jusqu'à Bilbao, m'ont battu comme ces poulpes que les pêcheurs attendrissent en les lançant sur le pavé des quais. Même sans ronfleurs à mes côtés, je mettais du temps à m'endormir sur le sol dur, mais la chaleur du matin ignorait ces excuses et me sortait de mon sac de couchage dès le lever du soleil. Je devais d'ailleurs rapidement découvrir que, acheté en prévision de la Haute Route pyrénéenne, ledit sac était beaucoup trop chaud pour cette fin de printemps espagnol.

Sitôt levé, assommé par le manque de sommeil, il me fallait marcher jusqu'à trouver un café ouvert. Le rituel du réchaud est par trop déprimant le matin et, dans ce pays pourvu de toutes les commodités, il n'y a pas vraiment de raison de vivre comme dans les espaces déserts de haute montagne.

Le seul problème est la contradiction qui existe entre les lieux où le camping sauvage est possible et ceux où se rencontrent des cafés. Les quelques kilomètres qui séparent le coin de campagne choisi pour monter son bivouac de l'endroit où l'on pourra avaler un café-crème sont parcourus chaque matin dans un coma profond, qu'on ne savait pas compatible avec la marche. C'est en général le moment que choisit le Chemin pour s'enfoncer dans des bois, suivre de délicieux petits sentiers que l'on ne demanderait qu'à admirer, à condition qu'il ne soit pas 6 heures du matin et qu'on ait le ventre calé.

Des sources, des torrents sont çà et là signalés au pèlerin pour qu'il puisse boire et se laver. Celui qui n'a pas eu la possibilité de prendre une douche dans une auberge doit saisir la chance quand elle se présente. Il m'est arrivé certains matins de me plonger dans l'eau glacée alors que le Chemin n'avait pas encore daigné me faire passer par un bistrot. Ce qui, à un autre moment, pourrait passer pour un plaisir, devient un surcroît d'accablement. Lorsque, enfin, on parvient à traverser un village et à avaler quelque chose, la fatigue, le manque de repos, l'impression de macérer dans des vêtements sales, vous rendent insensible au coup de fouet de la caféine et toute la journée se passe dans une permanente gueule de bois.

Le Chemin, à travers l'Euskadi, longe la côte. Des stations balnéaires au nom imprononçable alternent avec des portions de rivage désertiques. Mes souvenirs sont rendus flous par la nausée persistante du marcheur débutant. À leur surface flottent des images sans cohérence : des cafés touristiques sur un front de mer hautement raffiné, avec couples promenant des chiens, cyclistes nonchalants et Anglais attendant l'heure du premier verre, en cachant mal leur impatience ; des routes longeant la mer et les rochers d'une digue ; les maisons luxueuses d'une station balnéaire, fière d'avoir vu naître le grand couturier Balenciaga, des vallons d'un vert cru au creux desquels étaient posées de coquettes maisons blanches.

Il faut toujours se méfier des régions vertes. Une végétation si drue, une verdure si éclatante ne peuvent avoir qu'une origine : la pluie. Si les paysages de cette première semaine restent confus, je garde, en revanche, un souvenir très précis des averses qui se sont abattues sur mon dos en Pays basque. À Deba, j'ai dû faire halte dans un hôtel pour faire sécher tout mon attirail. Ce fut l'occasion pour moi d'inaugurer le rythme qui serait le mien tout au long du Chemin : deux ou trois jours de camping puis une chambre dans un petit hôtel. Déjà lié malgré moi par le vœu de pauvreté du pèlerin, je me rassurai en pensant que le prix de la chambre étant égal à environ trois fois celui d'une nuit d'*albergue*, je ne dépensais pas plus qu'un Jacquet « normal ».

C'est sur cette portion du Chemin que je devais rencontrer les lieux de bivouac les plus extraordinaires. Ainsi ai-je dormi dans une crique entre deux falaises, à un endroit où des couches de rochers, arasés par l'érosion marine, plongent comme les dents d'un gigantesque peigne dans la chevelure des vagues. Des lignes parallèles de pierres rose et gris glissent depuis le rivage en direction de l'horizon. Quand la mer est basse, on peut marcher sur cette voie sacrée pavée de rocs, entre lesquels frissonnent des lignes d'eau. J'eus droit en ce lieu à un coucher de soleil somptueux. Les derniers rayons de l'astre partaient de l'horizon et venaient jusqu'à moi en suivant les rails dessinés par les rochers à la surface de la mer. Le ciel était d'un bleu pur. J'avais presque recouvré une conscience normale car un repas à l'hôtel, la veille, m'avait requinqué. Je me laissais aller à un certain optimisme. Ma tente était soigneusement dressée en bordure des falaises, dans un champ. Les paysans l'avaient quitté à la tombée du soir, en portant sur l'épaule les longs râteaux dont ils se servaient pour ramasser les foins. La nuit s'annonçait calme et, avec un peu de chance, le sommeil viendrait. Las, une heure plus tard, une tempête sortie d'on ne sait où fouettait la côte avec une violence inouïe et je passai la nuit à retenir ma tente que le vent voulait emporter. De nouveau trempé, nauséeux, épuisé, je me mis en marche aux premières lueurs du jour. Les rochers qui griffaient la mer prenaient une teinte grisâtre sous la pluie. D'après mes calculs, il n'y avait aucun café avant quatre kilomètres…

Solitudes

PENDANT ces premières étapes, je suis resté seul ou presque. J'ai croisé quelques rares pèlerins et m'en suis tenu éloigné. Le fait de ne pas dormir dans les auberges est un handicap majeur dans le monde assez grégaire des marcheurs de Compostelle. Dans ces points de rassemblement, on est contraint de faire connaissance grâce à différents rituels comme le choix du lit (« en haut ou en bas ? »), décision grave qui amorce en général une première conversation.

Sur le Chemin du Nord, le nombre réduit de pèlerins a pour conséquence qu'on n'en rencontre pas ou très peu pendant que l'on marche. Si l'on est assez rapide, il arrive qu'on dépasse des individus ou des groupes. On commence par les voir longtemps de dos. Une coquille pendue sur leur sac bat la mesure à chaque pas. On se rapproche et, au moment de doubler, on lance le « Bon *Camino* » rituel. Ce n'est pas de l'espagnol mais un espéranto utilisé aussi bien par des Allemands que par des Australiens. Il ne signifie absolument pas que la personne parle le castillan et, si vous embrayez avec une phrase dans la langue de Cervantès, il y a tout à parier que le pèlerin va secouer la tête et montrer son embarras.

Je m'accommodais très bien de ma solitude. Elle me paraissait même nécessaire pour s'imprégner du nouvel état d'errance et de dénuement qu'imposait le Chemin. Quand j'apercevais des couples ou des groupes, il me semblait qu'il leur manquait quelque chose pour éprouver tout à fait la condition de pèlerin. Comme dans ces stages linguistiques où l'on n'apprend pas la langue du pays si l'on est accompagné de compatriotes, il me semblait impossible de s'acclimater vraiment au pèlerinage si on ne vivait pas jusqu'à l'extrême le silence, la rumination, l'abandon à la crasse auquel nul voisinage familier n'impose de borne.

Aussi ai-je gagné mes premiers galons dans l'ordre de Compostelle : en observant une scrupuleuse solitude pendant les premiers jours. Mon visage s'est couvert d'une courte barbe, mes vêtements se sont maculés de boue et de divers aliments répandus pendant que je faisais la tambouille par terre. Et mon esprit, martelé par la marche, a perdu ses plis habituels, s'est embrumé de nausée et de fatigue jusqu'à subir la grande transmutation qui en a fait bientôt le mental d'un pèlerin véritable.

Des choses sans importance auparavant, et que parfois même on ignorait avant de partir, prennent peu à peu une énorme place. Repérer les signes qui vous permettent de vous orienter, faire des provisions pour les repas, découvrir, avant qu'il ne soit trop tard, le terrain plat où l'on pourra monter sa tente, réfléchir à ce que l'on porte sur le dos et qui est encore trop lourd, sont des activités qui s'emparent du Jacquet, au point d'en faire leur esclave nuit et jour.

À mesure que la transformation s'opère, on devient à la fois complètement étranger à ce que l'on était avant et prêt à rencontrer les autres.

La fin de cette première période d'acclimatation correspond à peu près à mon arrivée au monastère de Zenarruza. On y parvient en suivant une ancienne voie pavée qui met tout à fait dans l'ambiance médiévale. Cette *calzada*, sous l'ombre des arbres, était encore toute boueuse des pluies de la veille quand je l'empruntai. Sitôt sorti du chemin creux, je fus accueilli par un grand soleil qui illuminait les halliers et faisait briller le vert tendre des prés, sur les collines. Le monastère, situé en haut d'une côte, offrait une vue imprenable sur la campagne basque qu'écrasait un ciel d'un bleu intense, ouaté de gros nuages blancs. Devant l'abbatiale, la dernière étape d'un chemin de croix était marquée par trois colonnes de granit. Un porche permettait d'accéder à une cour que bordaient l'église à droite et, à gauche, les bâtiments conventuels. L'ensemble était désert. L'autre extrémité de la cour ouvrait sur un parc gazonné qui montait vers des bois. Une petite boutique vendait des objets fabriqués par les moines. Elle était fermée, mais un interphone invitait à appeler le frère responsable. Je sonnai. Une voix grésillante m'invita à faire le tour du bâtiment moderne et à attendre devant la cuisine. Je remarquai alors en effet que, derrière l'église et face au panorama des collines, avait été construit un petit immeuble très récent, pourvu de baies vitrées et d'allure résidentielle. En tournant le coin, je débouchai sur la terrasse qui s'étendait au pied de cette nouvelle construction. J'attendis.

Suivant l'instinct du pèlerin que j'étais devenu, je déposai mon sac à dos à terre, me massai les épaules et bientôt m'affalai sur le sol, la tête appuyée sur le mur du bâtiment, les joues tendues vers le soleil couchant. Le relâchement entraîne vite celui qui s'y livre jusqu'aux extrémités du négligé. Aussi, j'ôtai bientôt mes chaussures, mes chaussettes et me plongeai dans l'examen de mes orteils. À cet instant parut devant moi un drôle de petit bonhomme en bleu de travail. Le crâne dégarni, l'œil vif, un sourire au coin des lèvres, le frère Gregorio me souhaita la bienvenue. Avec autorité, il me montra le dortoir des pèlerins, où je le suivis pieds nus. C'était une pièce minuscule située sur le côté du bâtiment moderne. On y entrait par une porte dissimulée. Des lits métalliques superposés la meublaient, ainsi qu'une table en formica. L'ensemble pouvait loger huit personnes. Le frère débitait son petit couplet pour pèlerin sans prêter attention à moi. Enfin, quand il eut terminé, je pus lui demander s'il me serait possible de planter plutôt ma tente dehors. Le petit jardinet où se dressaient les dernières croix du calvaire m'inspirait particulièrement. Protégé par un grand platane, ce triangle de verdure offrait un joli panorama sur les collines et un banc public y avait d'ailleurs été disposé. Gregorio me dit qu'il n'y avait aucun inconvénient à ce que je m'y installe.

Au même instant apparut un groupe de quatre femmes qui finissaient de gravir la pente en soufflant. À leur vue, Gregorio s'illumina.

Il avait été avec moi d'une politesse un peu mécanique ; avec les nouvelles venues, il montra un entrain bien plus grand. Apprenant qu'elles étaient australiennes, il se mit à baragouiner en anglais. Très émoustillé, il les saisit l'une après l'autre par le bras et les conduisit dans le dortoir. Je l'entendis exposer de nouveau son boniment mais, cette fois, avec force gloussements. Les rires des femmes lui répondaient et il gloussait de plus belle. Quand il sortit, trois Autrichiennes venaient d'arriver et l'excitation du moine décupla. Il parla allemand avec autant de fierté qu'il s'était essayé à l'anglais.

Il attendit dehors avec moi pendant que les filles s'installaient. Elles revinrent toutes s'asseoir par terre comme je l'avais fait, mais Gregorio resta debout. Il nous raconta qu'il avait été moine, jadis, dans ce même monastère puis qu'il avait quitté les ordres pendant vingt ans. Il avait sillonné le monde entier, s'adonnant à des activités qu'il ne nous précisa pas. En racontant cela, il pétrissait l'épaule d'une monumentale Autrichienne. En arrivant, elle s'était délestée d'un énorme sac à dos qu'elle maniait aussi aisément que s'il se fût agi d'un petit coussin et elle avait posé sur moi un regard dont la gourmandise me fit un peu peur.

Cependant, le moine avait lâché l'Autrichienne et massait maintenant le coude d'une Australienne. Pâle et les lèvres pincées, elle avait l'air moins goulue que sa camarade teutonne. Mais Gregorio était si drôle — et après tout c'était un moine — que la sévère pèlerine se laissait faire. Elle paraissait même y prendre du plaisir.

Gregorio parla des bateaux sur lesquels il s'était embarqué, pour traverser des mers lointaines. Il livra des anecdotes amusantes sur le Japon et les Japonaises, l'Argentine et les Argentines, l'Amérique et les Américaines. En évoquant chaque étape, il sortait fièrement des mots appris dans les langues les plus diverses, avec des éclats de rire. Enfin, il raconta que, au bout de vingt ans d'errance, il avait décidé de revenir à Ziortza, dans son monastère. On l'y avait accueilli sans difficulté, d'autant que ses talents linguistiques le disposaient maintenant à tenir l'emploi d'hospitalier.

Il nous donna rendez-vous pour les vêpres, si nous le voulions bien. Après quoi, il servirait notre dîner. Gregorio disparu, commença le ballet des douches. J'y avais un certain avantage puisque j'étais le seul homme et que les sanitaires étaient séparés en dames et messieurs. J'allai ensuite planter ma tente et préparer ma literie.

Quand je revins, toutes les filles avaient disparu et j'en conclus qu'elles étaient parties entendre l'office. Une cloche aigrelette appelait à la célébration.

Les vêpres à Zenarruza

J E FIS le tour des bâtiments conventuels et entrai dans l'église. C'était un édifice roman, sombre et massif. L'autel était une construction en bois doré du XVIIIe siècle, orné de sculptures et de colonnettes torses, qui montait presque jusqu'à la voûte du chœur. On le distinguait à peine dans l'obscurité. Mais une main invisible actionna soudain un interrupteur et l'autel s'illumina. Les reflets d'or, la chair des statues, le bleu des tableaux qui parsemaient l'ouvrage éclataient sur le fond morne des pierres nues. Bientôt les moines, couverts de leur scapulaire, entrèrent en file indienne et s'assirent en arc de cercle. Ils étaient six et, parmi eux, Gregorio. Il était méconnaissable. Le petit farceur égrillard et malicieux avait fait place à un religieux grave au visage pénétré qui lançait au Christ crucifié des regards douloureux.

Mes congénères, pèlerines autrichiennes et australiennes, étaient disséminées sur les bancs de bois de l'église. L'attitude de chacune permettait de former des hypothèses sur leur spiritualité. L'une gardait les yeux en l'air, fixés sur la voûte de pierre, et l'on sentait qu'elle ne cherchait dans le silence du lieu qu'un élan vers le Grand Tout. Une autre, agenouillée et perdue en signes de croix, montrait que c'était en Christ qu'elle croyait. Une troisième, sans doute luthérienne, fouillait dans le petit psautier qu'un moine avait distribué au début de l'office : elle ne pouvait sans doute concevoir la prière sans l'appui d'un texte. Malheureusement, ils étaient en espagnol et à l'hermétisme des psaumes s'ajoutaient pour elle les opacités du castillan. Sur une travée proche de la mienne, je repérai la forte Autrichienne qui répondit à mon regard par un sourire appuyé. Sans m'illusionner sur mon charme, j'avais bien senti que c'était le mâle en moi qui faisait son effet. Celle-là ne semblait guère croire à la résurrection de la chair ; elle avait l'air bien décidée à en recevoir son content en ce bas monde.

Les moines s'étaient mis à chanter. L'un d'eux jouait de l'harmonium. La mystique espagnole, puissante et grave, se lisait sur leurs visages burinés par les privations. Trois d'entre eux arboraient des barbes noires qui les faisaient ressembler à des personnages du Greco.

La magie entêtante de la prière nous avait tous saisis. C'est une des particularités du Chemin que d'offrir au pèlerin et quelles que soient ses motivations, des instants d'émotion religieuse inattendue. Plus la vie quotidienne du marcheur est prosaïque, occupée d'affaires d'ampoules douloureuses ou de sac trop lourd, plus ces instants de spiritualité prennent de force. Le Chemin est d'abord l'oubli de l'âme, la soumission au corps, à ses misères, à la satisfaction des mille besoins qui sont les siens. Et puis, rompant cette routine laborieuse qui nous a transformés en animal marchant, surviennent ces instants de pure extase pendant lesquels, l'espace d'un simple chant, d'une rencontre, d'une prière, le corps se fend, tombe en morceaux et libère une âme que l'on croyait avoir perdue.

J'en étais là de mes réflexions quand la porte de l'église s'ouvrit brutalement. Les moines ne cillèrent pas et continuèrent de chanter. Mais pour nous, pèlerins, dont la foi était mal armée et l'extase fragile, cette interruption coupa l'élan spirituel. Une personne entra, puis deux, puis quatre et jusqu'à une vingtaine. C'étaient des Espagnols, hommes et femmes, qui semblaient avoir tous dépassé l'âge de la retraite. Ils étaient vêtus de pantalons et de tee-shirts blancs. La plupart tenaient un appareil photo à la main. Des flashes éclataient dans l'obscurité. Les intrus s'interpellaient d'une voix supposément basse mais qui suffisait à couvrir les douces sonorités du chant grégorien. Sans nulle vergogne, les visiteurs se répandirent en signes de croix et génuflexions maladroites et s'assirent dans les travées. Le bruit des pages de psautier tournées en désordre prolongea cette agitation. Les plus habitués conseillaient aux autres des numéros et tentaient de reprendre l'antienne d'une voix fausse. Après cinq minutes de ce manège, et à l'appel d'un mystérieux signal, les visiteurs se levèrent et repartirent tous ensemble, non sans avoir pris encore quelques photos et fait grincer vingt fois la porte.

Les vêpres se terminèrent dans une ambiance que cette interruption avait dévastée. Quand nous nous retrouvâmes dehors sous le porche avec les autres pèlerins, les conversations portèrent sur les malotrus qui avaient débarqué. L'hypothèse générale était qu'il s'agissait sans doute des passagers d'un car de touristes auxquels cette halte pittoresque avait été proposée. Ils s'étaient probablement rembarqués aussitôt et devaient être en train de rouler vers la prochaine attraction.

Quelle ne fut pas notre surprise, en retournant vers nos sacs, de découvrir que les supposés touristes étaient toujours là. Mieux, ils traînaient des bagages à roulettes sur les allées du parc et se dirigeaient vers le bâtiment neuf au flanc duquel était aménagé le minuscule dortoir des pèlerins. En faisant le tour du bâtiment, nous vîmes les touristes converger vers l'entrée principale du bâtiment, avec ses luxueuses portes vitrées et son sol de marbre.

Gregorio revint un peu plus tard et nous l'interrogeâmes. Il nous expliqua qu'il s'agissait d'un groupe de stagiaires. Ils louaient les chambres d'hôtes du monastère — celles-là mêmes qui avaient justifié la construction de ce nouvel édifice tout confort. Au respect qu'il mettait à parler de ces visiteurs, on devinait que leur séjour devait être très lucratif pour les religieux.

— Que viennent-ils faire ici ?

— Une retraite.

— Mais en quoi consiste-t-elle ?

— Ils pratiquent le yoga.

Nous remarquâmes que, en effet, au dos des tee-shirts blancs que portaient les stagiaires, était inscrit (en anglais ?) « Yoga group ». Et deux d'entre nous qui s'étaient déplacés dans le parc pour prendre des photos revinrent en racontant que plusieurs de nos voisins étaient déjà assis en lotus aux abords du monastère et semblaient saluer le coucher de soleil.

C'est à de telles expériences que le pèlerin mesure les évolutions de ce monde. Si le pèlerinage de Compostelle connaît un regain de vitalité, ce n'est plus comme la voie royale de la foi qu'il était jadis. Le Chemin est seulement un des produits offerts à la consommation dans le grand bazar postmoderne. Les moines, qui sont des gens pratiques, ont pris la mesure de cette diversité et proposent des services adaptés au désir de chacun. Ils ont rapidement évalué les ressources dont disposent les divers groupes qui recherchent leur compagnie. Aux touristes, ils proposent, à des prix élevés, des produits monastiques (cartes postales, fromages, confitures). Au « Yoga group », ils réservent les chambres luxueuses du nouveau bâtiment. Quant à ces pouilleux de pèlerins, ils les ont percés au jour depuis longtemps. Ceux qui viennent frapper à leur porte sont les plus démunis ou les plus radins car une auberge privée assez confortable propose à moins d'un kilomètre un hébergement à seize euros… Les moines, tradition oblige, assurent pour les pèlerins un service, mais minimum.

Nous en eûmes l'illustration à l'heure du repas. Alors que les adorateurs du soleil étaient rassemblés dans une luxueuse salle de restaurant, Gregorio nous apporta à 19 h 30 une pitance sortie brûlante de la cuisine. Composé probablement avec les restes d'un précédent « Yoga group », le plat n'était pas mauvais. Mais sa présentation dans une énorme gamelle carrée en fer-blanc et le fait que Gregorio l'eût posée par terre, donnait à cette mangeaille l'irrésistible aspect d'une pâtée pour chien.

Peu nous importait ; nous avions faim. Tous les huit, assis à même le sol de la terrasse, nous mangeâmes en discutant gaiement. À la demande de mes consœurs en pèlerinage, je fis la démonstration de mon petit réchaud et préparai des tisanes pour tout le monde. Étendues sur des fils et tenues par les pinces à linge qu'aucun d'entre nous n'avait omis d'emporter, nos chaussettes flottaient au vent comme des oriflammes sur le camp d'une armée en campagne.

Les Yogistes ressortirent, repus et échauffés par le vin. Un mouvement d'intérêt pour notre groupe parcourait la petite troupe des retraités retraitant. Le mot « Compostelle » circulait de bouche en bouche. Enfin, les plus hardis s'approchèrent, l'appareil photo en main. Ils n'allèrent pas jusqu'à s'adresser à nous. D'ailleurs, les bruits que nous émettions en mâchouillant la pâtée des moines ne permettaient sans doute pas de savoir si nous étions doués de parole. Mais, à tout le moins, nous formions un tableau pittoresque, digne de figurer parmi les souvenirs rapportés du stage. Les appareils photos crépitèrent. Nous prîmes la pose la plus relâchée pendant la séance de photos, jouant tout à fait le rôle de sauvage qui nous était attribué, rôle qui, il faut l'avouer, nous demandait peu d'efforts.

Ensuite, les deux groupes, le leur et le nôtre, s'ignorèrent. Le coucher du soleil fut pour nous l'occasion d'une détente voluptueuse, vautrés contre les murs tièdes. Nous parlâmes du Chemin, à partir de l'inévitable question : « D'où es-tu parti ? » Des échanges de sparadraps et de *Compeed* achevèrent d'approfondir notre communion. Je tâchai de faire comprendre à l'Autrichienne qui me serrait de près que le Chemin m'avait épuisé. Sans doute habituée à ces déconvenues, elle roula un énorme pétard et sa vengeance fut de ne pas m'en offrir une taf.

J'allai me coucher sous ma tente, au pied de mon chemin de croix. Et, pour ajouter au bric-à-brac de ces murs médiévaux dédiés aux adorateurs du soleil, je regardai une série télévisée américaine sur mon I-Pad. Un peu avant de m'endormir, un bruissement, au-dehors, me fit craindre que l'Autrichienne ne se glisse dans ma tente, lançant à la faveur de la nuit une ultime offensive pour s'emparer de ma personne. Mais ce devait être le vent ou une bête. Tout redevint calme. Et, comme la contradiction est aussi en nous-mêmes, je me pris un instant à le regretter…

En quittant, au matin, le monastère de Zenarruza, je me sentais transformé. Cette halte marquait le terme d'une première semaine d'acclimatation et de solitude volontaire. Désormais, j'étais passé au stade de pèlerin sociable.

Je n'en étais tout de même pas au point de repartir en groupe. D'ailleurs, sur le Chemin du Nord, chacun reste en compagnie de lui-même. Les pèlerins se retrouvent le soir, dans les villes étapes et les auberges. Mais, mis à part les groupes constitués dès le départ, comme nos amies australiennes, ils marchent seuls dans la journée ou, s'ils se regroupent, c'est sous la forme d'associations éphémères. Ainsi, en rencontrant mes Autrichiennes aux étapes suivantes, je remarquai que leur trio s'était séparé.

Cependant, si je marchais toujours seul, je n'avais plus besoin de cette solitude, comme pendant les premiers jours. Je me sentais suffisamment adapté au Chemin, suffisamment en accord avec mon nouveau moi de pèlerin, pour pouvoir accueillir des rencontres et fraterniser avec mes semblables, qui étaient tous si différents.

Marathon, Santiago, même combat !

L E TROUBLE physique qu'avait suscité, les premiers jours, mon changement d'état, s'il n'avait pas disparu, s'était circonscrit : tout se résumait à un mal affreux sous la plante des deux pieds, un peu en arrière des orteils. C'était assez insupportable, mais j'y voyais un progrès. J'avais la conviction que tout mon malaise, les nuits de mauvais sommeil, les courbatures, la faim, la soif, étaient descendus dans mes jambes d'abord, puis sous mes pieds.

Les pieds du pèlerin ! Sujet dérisoire mais qui prend, sur le Chemin, des proportions considérables. Chaque étape est l'occasion de prodiguer des soins à ces extrémités dont on ne mesure pas l'importance dans la vie quotidienne. Certains pèlerins vivent un cauchemar avec leurs pieds mais, surtout, ils le font vivre aux autres. Car rares sont ceux qui conservent ces supplices pour eux-mêmes. À la différence d'organes plus intimes que la pudeur incite à ne pas exposer, les pieds sont assez volontiers montrés en public. On les exhibe sous le nez des bien-portants, afin de recueillir d'eux un avis et dans l'espoir, peut-être, que leur regard compatissant aura sur les ampoules, écorchures et autres tendinites un effet apaisant. Les commerces situés sur le chemin et, en particulier, les pharmacies, sont encombrés d'individus dont le premier soin est d'enlever leurs chaussures et d'exposer leurs pieds meurtris. J'ai vu ainsi au Pays basque un Italien d'un certain âge, très digne par ailleurs et occupant sans doute d'importantes fonctions dans une entreprise ou l'université, insister pour poser sur le comptoir d'une pharmacie un pied sanguinolent, champ de bataille malodorant sur les cratères duquel des bouts de sparadraps souillés de sueur et de boue étendaient leur inutile protection. Les pauvres pharmaciennes hurlaient en espagnol pour l'en dissuader. Leur visage exprimait l'intense découragement qu'elles ressentaient d'avoir eu le malheur d'être placées par le destin dans le calamiteux voisinage de ce chemin. Quand il s'agissait de vendre un désinfectant à un marcheur qui avait la décence d'expliquer son problème sans se déchausser, passait encore. Mais tous ceux qui, incapables de s'exprimer en castillan, avaient recours à cet espéranto du corps qui consiste à brandir ses sanies devant la clientèle, leur procuraient à l'évidence un dégoût qu'elles ne parvenaient plus à dissimuler. Leur seule réponse était de répéter des chiffres de plus en plus fort. L'Italien, faute d'en comprendre le sens, avançait de plus en plus le pied sur le comptoir, bousculant les échantillons de parfum et les produits à base de plantes destinés à lutter contre l'obésité. Je dus finalement traduire ce qui se révéla être les horaires des bus en partance pour l'hôpital le plus proche.

Lorsque le pèlerin est parvenu à surmonter ces désagréments et qu'il a atteint le bienheureux stade de la corne sous les pieds, il protège ces acquis en prenant soin, chaque soir, de se déchausser sitôt arrivé. Aux étapes, les Jacquets que l'on voit déambuler après dîner sont immanquablement chaussés de tongs, de sandales ou de crocs. C'est même à cela qu'ils se reconnaissent entre eux. Je n'en étais pas encore là et mes ampoules me faisaient affreusement souffrir. Mon expérience de l'alpinisme m'avait fait pécher par orgueil. Je n'ai jamais eu d'ampoule en montagne et j'en déduisais bien à tort que je ne risquais rien à Compostelle. Grave erreur. Les chaussures de montagne sont en cuir fin, doublées de matériaux modernes et utilisées en déclivité (montée ou descente). De surcroît, on ne les porte pas très longtemps pour les marches d'approche et sur un rythme lent. Le Chemin, c'est autre chose : des heures et des heures de marche rapide et à plat. Il fait chaud. Chaque matin, on repart pour le même calvaire de huit à dix heures sur des lésions à peine atténuées. Quand, en plus, on fait la bêtise d'acheter comme moi ses chaussures juste avant de partir et de ne pas les faire à son pied, le résultat est catastrophique. Le modèle que j'avais choisi était trop petit et inconfortable. J'avais fait preuve d'insouciance, de présomption et de radinerie. Les Russes (mon fils me le répète souvent) disent que les pingres paient toujours deux fois. Ce fut mon cas et je dus acheter d'autres chaussures en cours de route. C'est à Guernica que j'effectuai le changement. Il me semblait qu'une ville martyre était bien à même de comprendre mes souffrances et de les soulager. Ces nouveaux souliers étaient bien plus adaptés (je les ai encore aux pieds ce matin en écrivant). Cependant, s'ils préparaient ma tranquillité future, ils n'avaient pas le pouvoir de réparer immédiatement les dégâts commis par ceux qui les avaient précédés (et que j'avais glissés en catimini dans une grande poubelle, le long des halles de Guernica, pendant qu'on évacuait les déchets du grand marché). Il me fallait prendre mon mal en patience et supporter la douleur qui résonnait dans tout mon corps à chaque pas. Néanmoins, j'avais confiance : en continuant à marcher, le mal finirait par s'écouler dans le sol à travers la semelle des chaussures neuves. Au Moyen Âge, on croyait ainsi qu'en dormant les pieds nus posés sur le dos d'un chien, les rhumatismes s'évacueraient dans le corps de l'animal. Je n'étais pas loin de partager ces idées. Tout en marchant de guingois, grimaçant à chaque pas, j'espérais que le Chemin absorberait bientôt les derniers stigmates de mes misères.

C'est dans cet état d'esprit que j'arrivais à Bilbao un dimanche matin, sous un beau soleil. L'approche des grandes villes à pied est toujours compliquée et pénible. Par la suite, j'affronterai ces passages sans tricher. Mais j'avoue qu'aux abords de Bilbao, le dessous des pieds en sang, je craquai. Trouvant un autobus sur mon chemin, j'y pris place pour faire les derniers kilomètres à travers le dédale des usines et des entrepôts qui entourent la ville. Le bus était vide. Deux Françaises y montèrent à l'arrêt suivant. C'était des pèlerines, comme moi. Deux sœurs d'âge mûr, très en forme, bardées de coquilles Saint-Jacques et débordant de bonne humeur. Elles me racontèrent que c'était leur quatrième Chemin. Chaque fois, elles partaient d'un lieu différent. Elles avaient même parcouru le fameux chemin de la Plata qui part de Séville et traverse l'Estrémadure. La particularité était qu'elles ne terminaient pas : elles n'avaient encore jamais atteint Compostelle. Leurs maris semblaient d'accord pour rester seuls quinze jours. Au-delà, soit qu'elles craignissent de ne plus les retrouver, soit qu'elles se fussent languies de leur affection, elles préféraient rentrer. Leur terminus, cette fois, serait Santander.

Plus courageuses que moi, elles quittèrent le bus à une station qui leur permettrait de rejoindre Bilbao par le haut en gravissant le mont Avril. Je préférai passer pour un tricheur plutôt que de compromettre la cicatrisation de mes pieds et je pris congé des deux sœurs en restant calé sur mon siège. C'est un peu plus loin, alors qu'elles avaient déjà disparu, que j'avisai le petit guide qui était tombé de leur sac. C'était une brochure détaillée et annotée qui les avait accompagnées jusque-là et qui décrivait leurs prochaines étapes. Je feuilletai ce document avec émotion. Chaque pèlerin en porte un sur lui, et il dénote son tempérament. Pour certains, dont je fais partie, le passé est effacé aussitôt. J'arrachais chaque jour une page de mon guide, correspondant au chemin parcouru. Pour ceux qui pratiquent ainsi l'oubli systématique, le voyage est un perpétuel déséquilibre ; ils sont tendus vers le lendemain et fuient le passé. Je n'ai pris aucune note pendant mon voyage et j'étais même agacé de voir certains pèlerins, aux étapes, distraire de précieux instants de contemplation pour griffonner sur des carnets. Il me semble que le passé doit être laissé à la discrétion d'un organe capricieux mais fascinant qui lui est spécialement dédié et que l'on nomme la mémoire. Elle trie, rejette ou préserve selon le degré d'importance dont elle affecte les événements. Ce choix n'a que peu à voir avec le jugement que l'on porte sur l'instant. Ainsi des scènes qui vous ont paru extraordinaires, précieuses, disparaissent sans laisser de trace tandis que d'humbles moments, vécus sans y penser, parce qu'ils sont chargés d'affects, survivent et renaissent un jour.

Pour d'autres personnes au contraire et mes deux sœurs étaient de celles-là, le temps révolu est aussi précieux que l'avenir. Entre les deux, il y a eu le présent, intense, éphémère, dense et, pour en garder le bénéfice, il faut couvrir le guide d'annotations. Tel était le petit livre qu'elles avaient égaré et dont elles devaient amèrement regretter la perte. Je décidai d'emporter avec moi ce document rare qui m'introduisait dans l'intimité d'un autre Chemin.

L'autobus devait s'arrêter au centre-ville de Bilbao, mais des personnages revêtus de gilets fluorescents le contraignirent à s'arrêter avant : les quais du fleuve

Nervion étaient bloqués par un marathon. Je dus descendre et finir à pied, en boitillant. Le soleil faisait briller les façades du quartier ultramoderne au milieu duquel s'épanouit comme une fleur de verre le musée Guggenheim. L'ambiance, une fois de plus, était éminemment postmoderne. J'étais là, claudiquant, sale, le sac à dos avachi, à suivre un chemin prétendument médiéval tandis qu'autour de moi des créatures en collant fluo, Nike aux pieds, le cardiofréquencemètre autour de la poitrine, longeaient, avec des foulées de gazelle, un paysage de verre et d'acier qui témoignait assez de la victoire de l'être humain sur la nature, de son appropriation du sacré et de sa libération de toutes les plaies que le Moyen Âge tâchait d'expier, en allant adorer les reliques de Santiago.

Des commissaires de course me firent dégager sans ménagements du trottoir réservé aux marathoniens. Arrivé à la vieille ville, j'avais eu le temps de méditer sur ces événements. Et j'en étais arrivé à la conclusion que mon entreprise n'était pas si différente, au fond, de celle de ces coureurs narcissiques, à l'allure new-yorkaise. L'épreuve dans laquelle je m'étais engagé était seulement plus longue et comportait d'autres règles. Elle supposait une éthique et une esthétique différentes. Mais, en étant sincère, je devais m'avouer que j'étais plus proche de ces joggeurs du XXIᵉ siècle que des pèlerins authentiques de l'an mil...

Cette métaphore sportive me confirma dans l'idée que Bilbao, après une semaine de marche, devait constituer pour moi une étape de repos complet si je voulais être en condition pour tenir non pas quarante-deux kilomètres, comme mes voisins de trottoir, mais huit cents puisque tel était le challenge, dans cette épreuve que l'on appelle un « pèlerinage ».

Bilbao

UNE SEMAINE de marche n'est encore qu'une promenade. Longue, pénible, inhabituelle, certes, mais huit jours correspondent à une séquence de vacances. Au-delà, on entre dans un espace tout à fait nouveau. L'enchaînement des jours, la constance de l'effort, l'accumulation de la fatigue font du chemin une expérience incomparable. À Bilbao, au moment de franchir cette limite des huit jours, je me sentis pris d'un vertige. La tentation de tout arrêter était forte. Après tout, j'en avais assez vu : il me semblait avoir compris ce qu'était le pèlerinage. Le prolonger ne me servirait de rien, sinon à accumuler des jours et des jours identiques. La pensée tentatrice me venait de tout ce que je pourrai faire d'autre, pour occuper ce temps libre. Mes pieds n'étaient pas encore cicatrisés : ils pouvaient servir de prétexte à un retour anticipé. J'avais toujours la possibilité de revenir une autre année pour effectuer, mieux préparé, les tronçons ultérieurs du Chemin et boucler ainsi par morceaux, en trois ou quatre ans, le parcours en entier.

Je pris une chambre minuscule dans une petite pension au cœur de Bilbao, histoire de disposer d'une douche et d'un lit. Dans la ruelle, en dessous, la foule du dimanche riait et criait jusqu'à ce qu'une averse chasse tout le monde. Je somnolais en caressant la pensée consolatrice de mon retour. Dès le lendemain, j'irai me renseigner sur les trains pour la France. Je me voyais déjà confortablement installé dans un wagon qui filait vers la frontière. Je m'assoupis.

Mais le Chemin est plus fort que ces démons tentateurs. Il est habile, il est retors : il les laisse s'exprimer, se dévoiler, croire à leur triomphe et puis, d'un coup, il éveille le dormeur qui se dresse en sueurs dans son lit. Telle la statue du Commandeur, le Chemin est là, qui pointe sur vous un doigt accusateur. « Comment ? Tu vas te dérober, connaître la honte du retour prématuré ! La vérité est que tu es un lâche. Tu as peur. Et sais-tu de quoi ? De toi-même. Tu es ton pire ennemi, celui qui fait obstacle à l'effort, depuis toujours. Tu n'as pas confiance en toi. Et moi, Saint-Jacques, je te donne une occasion unique de te délivrer de ces entraves, de t'affronter toi-même et de te vaincre. »

Alors, on va jusqu'à la salle de bains, on asperge son visage d'eau fraîche et, une fois de plus, on se soumet à la volonté du Chemin.

C'est ainsi que les choses se sont passées pour moi et, je le suppose, pour beaucoup d'autres. Tout au plus me suis-je accordé une pleine journée de repos ; au lieu de repartir le lendemain matin, je resterai une journée entière à visiter la ville et à dormir. Cette décision prise, je sortis dans les rues.

Les Espagnols aiment faire tous ensemble la même chose au même moment, ce qui rend la promenade dans les villes assez contrastée. Ainsi, la Plaza Nueva, au cœur du Casco Viejo, est noire de monde le dimanche. Puis, tout à coup, elle se vide et les touristes restent seuls, comme des écrevisses prises au fond d'une épuisette. Les marches qui montent à Begonia restent désertes jusqu'à la fin de l'après-midi et la cathédrale de Santiago demeure vide jusqu'à la messe du soir. Cependant, à l'heure où j'allais la visiter, il y avait encore d'intenses allées et venues de fidèles en prières et de touristes. J'arpentais le chœur et admirais les chapelles de l'abside quand je repérai deux pèlerins devant moi. J'ai déjà dit que, à l'étape, le marcheur a pour premier soin de se déchausser. Quiconque se promène orteils au vent dans une ville jacquaire, si vaste soit-elle, a toute chance d'être un pèlerin. J'avais devant moi deux spécimens de ce genre. Mon attention redoubla quand je notai, en me rapprochant, que c'était des femmes. Enfin, en les dépassant et en me retournant, je levai les derniers doutes : il s'agissait bien des deux sœurs de l'autobus. Elles poussèrent un cri en me reconnaissant et nous quittâmes le sanctuaire tout joyeux. C'est à de semblables hasards que l'on se met à croire aux miracles.

J'allais en leur compagnie jusqu'à ma pension et leur rendis leur précieux guide. Elles roucoulaient de joie. Je les enviais un peu car, avec mon système, pareil bonheur ne pourrait pas m'arriver. Ne conservant aucune trace du passé, il aurait fallu que quelqu'un vienne un jour me dire : « Tenez, j'ai retrouvé votre mémoire ». Mais le seul qui puisse accomplir ce prodige, c'est moi-même et j'aimerais parfois que quelqu'un me délivre de cet effort.

Nous allâmes fêter l'événement à la terrasse d'un café. Nous avions déjà l'impression de nous connaître très bien. Elles me racontèrent un peu plus leur vie, c'est-à-dire leurs chemins car j'ai déjà dit que les pèlerins ne livrent en général que cette partie d'eux-mêmes. Je n'eus pas à me soustraire à leur curiosité, car elles ne me questionnèrent que sur mon itinéraire. Elles repartirent le lendemain matin et nous ne devions jamais nous revoir.

Ma deuxième journée à Bilbao me fit découvrir le visage de la ville laborieuse. À l'heure du déjeuner, les restaurants étaient pleins de cadres en costume-cravate. Le quartier des affaires ressemblait au 8e arrondissement de Paris. J'avais laissé le sac à dos à la pension. Mais mes tongs et mon pantalon sale me désignaient assez comme un extraterrestre. Cependant, l'avantage des grandes villes est de tout tolérer. Le pèlerin y est un corps étranger mais que nul ne remarque et qui peut déambuler partout comme un fantôme. Les guides de Compostelle conseillent néanmoins d'éviter certaines avenues chics où « pour les commerçants, les pèlerins ne sont pas les bienvenus ». J'imagine qu'à Paris, si un marcheur pouilleux dans mon genre s'égarait avenue

Montaigne et entreprenait d'acheter des chaussettes chez Chanel, il ne serait pas le bienvenu non plus.

Je me gardai de ces audaces et rentrai à l'hôtel après avoir visité ce qu'il fallait de musées et d'églises mais sans avoir tenté aucun achat sinon une livre de pommes chez un fruitier marocain. Il parlait français et je lui demandai s'il y avait beaucoup de gens d'Afrique du Nord à Bilbao. Il me dit d'un air dégoûté : « Il y a de tout, ici ». Je le quittai sans prendre le risque de l'entendre se plaindre de l'immigration clandestine...

Seul dans ma chambre, de plus en plus reposé et dispos, j'étudiai le trajet du lendemain. C'était, à vrai dire, le dernier obstacle qui m'empêchait de quitter sereinement Bilbao.

La courte étape jusqu'à Portugalete s'annonçait en effet bien déprimante. « Impossible, écrivait le guide, d'échapper aux docks à l'abandon, aux friches industrielles et aux immeubles ouvriers devenus des squats. » Et il ajoutait, pour que le marcheur garde néanmoins la foi pendant ces quatorze kilomètres : « Le pèlerin peut se sentir incongru ou perdu dans un tel décor, mais il n'a rien à redouter. Nous ne sommes pas dans le Bronx. » Une telle perspective n'était pas idéale pour se remettre en marche après la baisse de pression d'une longue et confortable halte.

Pour tout arranger, le matin, au moment de partir, je découvris qu'il s'était mis à pleuvoir. Cette fois, ce n'était pas une averse mais une pluie froide, pénétrante, continue. Je fis traîner les formalités de paiement à la réception, guère pressé de me retrouver dehors. C'est alors que le concierge de l'hôtel me livra une information que je reçus comme un naufragé se saisit d'une bouée.

— Vous allez à Portugalete ? me demanda-t-il d'abord d'un air morne.

Les allées et venues absurdes des pèlerins n'intéressent guère les habitants des villes qu'ils traversent. C'était une politesse de la part de cet homme de me poser cette question, peut-être parce que nous étions les seuls réveillés dans cet hôtel minable, où il n'avait même pas encore allumé les lampes. Je répondis que oui, sans empressement, et lui demandai le chemin, pour prolonger la conversation.

— La première à droite. Ensuite, vous descendez les marches. Ne vous trompez pas de quai.

— De quai ?

— Il y a deux lignes dans le métro, ici.

Le métro ! J'avais pensé à tout sauf à l'existence d'un métro dans cette ville. Il me sembla que c'était la Providence qui l'avait construit tout exprès pour moi et, comme je commençais à prendre les réflexes de mon nouvel état, je vis la main protectrice et bienveillante de Saint-Jacques dans cette infrastructure.

Il faut savoir cependant que tous ces moyens déshonnêtes de se transporter (bus, taxi, train, avion) sont sévèrement réprouvés par le pèlerin authentique. Le vrai Jacquet ne connaît que la marche et dédaigne tout le reste. J'avais dérogé à cette règle en prenant un autobus mais j'avais l'excuse de mes orteils en sang.

Cette fois, j'étais bien reposé et rien ne m'autorisait à céder de nouveau au chant des sirènes de la modernité. M'aurait-on parlé de train que j'aurais repoussé cette opportunité. Mais il s'agissait d'un métro. J'ai vécu longtemps à Paris et ce moyen de transport m'est familier. Il est synonyme pour moi de trajet en ville. Prendre le métro, ce n'était rien retirer au Chemin proprement dit mais seulement changer de point de départ dans la même ville. L'argument peut paraître spécieux et il l'est incontestablement. Toutefois, la pensée du pèlerin n'est pas celle de l'homme ordinaire. Il connaît des joies et des peines qui lui sont propres. Les efforts qu'il s'impose sont hors de proportion avec ceux que tolère un sédentaire ; de même ses plaisirs ou si l'on préfère garder un vocabulaire de forçat, ses remises de peine, sont réglementés par un code pénal très personnel. La sentence, dans le cas du métro, fut prononcée immédiatement par le tribunal que chaque pèlerin porte en lui : je fus autorisé à employer cette commodité. De tout le Chemin, je n'eus droit qu'à deux mesures humanitaires : le bus pour arriver à Bilbao et le métro pour en sortir. Et je ne l'ai pas regretté.

Je me retrouvai donc, à l'heure où les Basques vont travailler, assis sur le quai d'un métro flambant neuf. Je me rendis compte combien j'étais désormais entré dans ma nouvelle condition d'errant. Avant, je me serais senti incongru, au milieu de tous ces employés proprets et ensommeillés, avec mon sac à dos et mes brodequins achetés à Guernica. Mais c'était le contraire qui se produisait : j'étais parfaitement à l'aise et je considérais leurs tenues avec curiosité et même une pointe d'apitoiement.

Quand je sortis du métro, il pleuvait toujours. Le fameux pont pendulaire qui constitue l'attraction de Portugalete et que les deux sœurs m'avaient vanté, était caché par des rideaux de pluie. Je me dispensai de le visiter et pris la direction des fameux *bidegori*, les chemins rouges. Je m'abritai dans l'entrepôt d'une usine de colles industrielles pour tirer un surpantalon imperméable de mon sac. C'est un bonheur rare de constater qu'un équipement est adapté et j'eus le plaisir de me sentir bien au sec dans cet accessoire.

Les trombes d'eau ne s'interrompaient pas. Pour cette dernière étape en Pays basque, elles me donnaient le privilège de voir la nature dans son intimité, sans nul témoin, vide, relâchée. La côte rocheuse puis les plages équipées pour recevoir aux beaux jours les pique-niqueurs et les parasols étaient glacées, désertes, enroulées dans des voiles d'eau comme des beautés endormies qui auraient cherché à cacher leur nudité dans les draps.

Sous les rafales de vent, les embruns salés et la pluie froide, le marcheur connaît dans ces moments d'intempéries plus d'émotion que devant les couleurs d'un jour ensoleillé. L'impression d'appartenir à la nature sauvage, de se fondre en elle, de lui résister tout en sachant que, si elle insiste, on se laissera rouler par les vagues ou emporter par les bourrasques, est une volupté rare. Tous ne la ressentent peut-être pas, mais la race des pèlerins du mauvais temps existe bel et bien et j'ai le privilège d'en faire partie.

Insensiblement, sur ces escarpements de falaises qui surplombent la mer, je m'approchai d'une frontière. Je quittai le Pays basque et entrai en Cantabrie. Une des dernières visions que j'eus de l'Euskadi fut une de ces scènes hors du temps comme seul le Chemin sait en produire. À un moment, les flèches me conduisirent près d'une autoroute. La voie rapide empruntait un viaduc entre deux collines et son tablier était soutenu par d'immenses piles de béton, hautes de plusieurs dizaines de mètres. Le sentier, lui, descendait la colline et passait sous l'autoroute. À l'abri de ses voies, il ne pleuvait plus. Sur le sentier, à cet endroit protégé, deux hommes discutaient autour d'un cheval. L'un d'eux était un paysan, l'autre était vêtu en cavalier, avec un large pantalon de cuir et un chapeau rond. Il avait mis pied à terre et tenait le cheval par la bride. Je ne pouvais entendre leur conversation, mais le tableau qu'ils formaient, sur le fond vert des collines ruisselantes de pluie, était tout droit sorti de la palette de Murillo. On était n'importe où mais il y a longtemps, dans ces siècles où le cheval était la machine de l'homme, où la terre était cultivée par le paysan et protégée par le cavalier. En d'autres termes, pour le pèlerin, qui reconstruit pas à pas son Moyen Âge, ces hommes étaient des contemporains. Et en même temps, loin au-dessus des têtes, on entendait mugir les camions lancés à pleine vitesse sur l'autoroute, et leurs essieux frapper les joints du pont monumental. Rien ne matérialisait mieux l'empilement du temps, les strates de la conscience moderne dans lesquelles la couche la plus récente ne fait que surplomber celles qui l'ont précédée et qui laisse intact, quoiqu'enfoui, le passé avec lequel elle prétend rompre.

Le cavalier remonta en selle. Pendant que je dévalais la colline, en suivant les coquilles bleues de Saint-Jacques, je le vis prendre un chemin de terre et grimper vers des maisons toutes blanches qu'entouraient de grands arbres vernis d'eau. Le bonheur du chemin est fait de ces instants qu'ignoreront toujours ceux qui roulent à grande vitesse, là-haut, sur la chaussée sans obstacle du présent.

Sur les bacs de Cantabrie

AUTANT le dire tout de suite : je n'ai pas aimé la Cantabrie. Ou plutôt, je n'ai que modérément apprécié la longue portion de Chemin qui la traverse (car je sais qu'ailleurs, dans l'arrière-pays, notamment autour des fameux Picos de Europa, la nature reste sauvage et splendide). L'itinéraire jacquaire dans cette région m'a paru monotone, déprimant, mal tracé : trop de passages le long des routes, trop de paysages industriels, trop de lotissements déserts, constellés de panneaux « à vendre »…

Cela posé, le pèlerin n'est pas un touriste, rappelons-le. Il n'a pas le droit d'exiger en permanence le sublime et, si le Pays basque l'a gâté par ses constantes beautés, ce n'est pas une raison pour se croire le droit d'en exiger autant de toutes les régions espagnoles.

Sur le fond d'amertume et d'ennui qu'a déposé en moi la traversée de la Cantabrie se détachent quand même quelques très beaux moments. La province compte des villes superbes, et le Chemin permet d'en traverser plusieurs. La première est Laredo. On l'aborde par le haut, en sortant péniblement d'un nœud autoroutier. En contrebas, les toits de tuiles rouges de la vieille ville se serrent les uns contre les autres en un harmonieux désordre. Le piéton que l'on est descend doucement jusqu'à eux. Il a le temps d'admirer les clochers, le dessin des ruelles, les places. Et, pour finir, des escaliers interminables l'introduisent dans le décor. Il débouche dans une rue commerçante où les passants le regardent arriver de nulle part, en descendant les dernières marches, avec l'air un peu intimidé du quidam qui débarque dans la lumière sur le plateau d'un jeu télévisé.

Ce vieux quartier est charmant et on s'en contenterait. Malheureusement, c'est la Cantabrie, terre de villégiature, livrée depuis longtemps à la cupidité des promoteurs. L'immense plage qui prolongeait jadis la ville et qui a longtemps dû rester un lieu désert, infiniment poétique, est devenue un front de mer interminable. Les constructions les plus hétéroclites, de la villa à l'immeuble locatif aux volets clos, se disputent les premières places d'un vertigineux concours de laideur. Et le marcheur souffre, qui passe en revue cette troupe immense de murs au garde-à-vous. On imagine que pendant certains beaux week-ends et aux vacances scolaires, tout cela s'anime un peu. La promenade le long de la plage doit bien accueillir quelques enfants puisque l'on voit des aires de jeu ici ou là. Pour l'heure, il n'y avait personne. Tout au plus quelques dames sur l'âge promenaient de petits chiens.

Des signes jacquaires, de loin en loin, gardent sur ce front de mer la mémoire des temps anciens, quand les pèlerins devaient longer les dunes et contempler les oiseaux de mer qui survolaient ces solitudes. Mais Dieu que cette plage est longue ! Les derniers immeubles, tout au bout, sont encore plus affreux que les autres. On se sent soulagé de les quitter et d'avancer vers la pointe de sable qui s'avance entre mer et rivière. Là, soudain, s'ouvre un estuaire sauvage qu'il faut traverser sur un bac. Il n'y a pas de ponton pour l'aborder. Le bateau pivote, se met de flanc et une passerelle permet d'y grimper. Rien, sauf les moteurs de la barcasse, n'a dû changer depuis le Moyen Âge. Ce sont des moments d'une rare harmonie qui font oublier tout le reste et même aimer la Cantabrie, au moins pendant les dix minutes que dure la traversée. C'est sur ce bateau que je rencontrai le Haut-Savoyard qui était parti de chez lui deux mois plus tôt.

Mais le bonheur est de courte durée. On se retrouve vite de nouveau à longer des nationales. Le fait qu'elles traversent des paysages lacustres n'est pas une consolation, bien au contraire. Car le marcheur, à fleur d'eau, compatit avec les canards et les poissons et n'en est que plus choqué par le vrombissement des voitures lancées à pleine vitesse. Le sentier qui borde la route est parsemé d'ordures que les automobilistes ont jetées : canettes métalliques, papiers gras, paquets de cigarettes. En Cantabrie, le marcheur prend conscience pour la première fois qu'il est lui-même un déchet. Sa lenteur l'exclut de la vie commune et fait de lui une chose sans importance que l'on éclabousse, que l'on assourdit de klaxon et qu'au besoin on écrase. Ce n'était pas encore assez, au Pays basque, d'être devenu un chemineau. Il fallait descendre encore plus bas et devenir cette chose méprisée qui se fraie un chemin au milieu des immondices. Dire que cette expérience est agréable serait exagéré. Il y a pourtant une certaine jouissance dans cette ascèse. À l'avancée horizontale très lente de la marche s'ajoute cette descente non moins progressive dans l'opinion qu'on a de soi – ou plutôt que les autres ont de vous. Car il est assez trivial de dire (mais assez rare d'éprouver soi-même) que l'extrême humilité est une des voies de l'orgueil. À mesure qu'il se diminue, le pèlerin se sent plus fort et même presque invincible. La toute-puissance n'est jamais loin de la plus complète ascèse. C'est en réfléchissant à cela qu'on approche peu à peu le véritable secret du Chemin, même s'il faut encore du temps pour le découvrir.

La Cantabrie est une maîtresse sans pitié qui nous fait avancer sur la voie de la sagesse. Mais elle sait aussi récompenser. Après une longue dose de bitume, elle offre de nouveau la récréation d'un estuaire et d'un bac. Le dernier est le plus beau, c'est celui qui mène à Santander.

Avant de parvenir au quai d'embarquement, j'avais marché pendant la dernière heure loin derrière un pèlerin solitaire. Il était remarquable en ceci qu'il portait non pas un vulgaire sac à dos comme nous tous, mais le bissac médiéval. Il tenait à la main un gros bâton, beaucoup plus court et trapu que le traditionnel bourdon que l'on voit sur les gravures anciennes. Tout de même, il était singulier.

Les dernières centaines de mètres avant l'embarcadère traversaient, pour changer, un dédale de programmes immobiliers de vacances, tous fermés bien entendu. Un tel décor induit vite un sentiment d'étrangeté. On se sent dans un film de Robbe-Grillet. Le fait de poursuivre un pèlerin inconnu et mystérieux ne fait que rendre la scène plus insolite.

Quand, finalement, je rattrapai l'homme au bissac et pus l'observer de près, il me surprit encore davantage. De loin, par sa silhouette, j'avais imaginé un de ces nostalgiques du passé qui s'affublent de tous les accessoires traditionnels du Chemin, au point d'en paraître déguisés. Celui-ci, bien au contraire, hormis son bagage et son bâton, était vêtu d'une façon tout à fait ordinaire : jean, blouson imperméable style années 1960, chaussures de ville. On aurait dit qu'il était descendu de chez lui pour acheter des cigarettes au coin de la rue.

Sur le bateau, nous nous installâmes à la proue avec d'autres pèlerins qui, eux, étaient du genre randonneurs high-tech, avec GPS et chaussures Gore-Tex dernier cri. Je fis compliment à l'homme au bissac sur son équipement, en lui faisant remarquer sur le ton de la plaisanterie qu'il était le seul à perpétuer la véritable tradition, celle qui avait prévalu pendant des siècles avant qu'on ne rajoute une bretelle au bissac, pour inventer le sac à dos.

— Tu appelles ça un bissac ? me dit-il.

Il regarda sa musette d'un air morne.

— À vrai dire, poursuit-il, je ne me suis pas cassé la tête. J'ai pris ce que j'ai trouvé chez moi et je suis parti.

En conversant avec lui, je me rendis compte qu'il était sincère. Au contraire de ce que j'avais imaginé, il n'y avait aucune intention particulière dans son apparence. C'était plutôt quelqu'un – je n'en ai plus jamais rencontré de semblable – qui traitait le Chemin avec une absence totale d'anxiété et donc de préparation. Il ne voyait tout simplement pas le problème. Il était en effet descendu de chez lui avec trois affaires et une musette et il avait marché. Un point c'est tout.

Pour autant, il était très organisé. Comme nous voyions approcher les quais de Santander où nous allions débarquer, nous nous mîmes à parler d'hébergement. Il avait réservé une chambre dans une pension. À l'arrivée, il était le seul qui saurait directement où aller. Mais il parlait de tout cela avec un complet détachement. J'avais l'impression d'être face à un spécimen dont j'ignorais jusque-là l'existence : le cadre en pèlerinage, efficace, pratique, sérieux, compétent. C'était à se demander ce qu'il faisait là. Mais j'étais suffisamment acculturé désormais pour savoir que c'est une question qu'on ne pose pas.

Le seul objet qui dénotait, dans cette apparence lisse, était le bâton. Vu de près, il s'avérait qu'il ne s'agissait pas d'un bourdon, encore moins d'une canne télescopique comme la plupart de nous en portait ; c'était un simple piquet de champ. Il était en bois brut, mal équarri et sa pointe avait été taillée grossièrement à la hache et enduite de goudron. La curiosité était trop forte et je finis par lui demander ce qu'il faisait avec ça.

– J'ai été attaqué par des chiens. Il m'a fallu courir et le seul objet que j'ai trouvé pour me défendre, c'est ce piquet.

Depuis, il l'avait simplement conservé et s'apprêtait à circuler dans une grande ville avec, à la main, cet instrument digne de Cro-Magnon. Ainsi, dans la personne de cet étrange pèlerin, la peur ancestrale des chiens avait-elle ajouté à une froideur très XXIe siècle ce réjouissant accessoire revenu du Néolithique.

Avant mon départ, en me documentant sur le Chemin, j'avais lu beaucoup de témoignages inquiétants sur les chiens. Certains pèlerins font en rentrant des descriptions effrayantes de leur rencontre avec ces animaux. Je m'étais demandé comment je réagirais si j'étais mis en présence des molosses que ces rescapés prétendaient avoir affrontés. Ai-je eu de la chance ou ont-ils exagéré ? Pendant tout mon trajet, j'ai souvent entendu aboyer des chiens, mais leur aspect était en général bien moins impressionnant que leur voix et ils étaient pour la plupart enfermés derrière des grillages ou des murs. J'ai rencontré un nombre impressionnant de corniauds efflanqués, de roquets ridicules et de vieux cabots. C'était à croire que tous les chiens dangereux avaient déjà dévoré leur content de pèlerins et en étaient morts d'indigestion.

Le dieu du pipeline

S ANTANDER est une ville agréable, même pour un pèlerin. Elle est à taille humaine, avec ses ruelles en pente et ses monuments, mais suffisamment grande pour que l'anonymat y soit complet. On peut se fondre dans la foule sans se sentir un intrus. Dans mon rythme alterné entre camping et confort, il était de nouveau temps pour moi de me reposer dans une vraie chambre. Je trouvai une pension sur le guide et appelai. Il y avait de la place et je m'y rendis.

Ce que je prenais pour un hôtel était situé sur une grande place de la ville basse, non loin du port. Au numéro indiqué, je ne trouvai qu'un immeuble d'habitation. La pension était au quatrième étage. Je sonnai. Une dame d'un certain âge, vêtue avec élégance et bien coiffée, m'ouvrit. Je crus à une erreur, mais c'était bien là.

La propriétaire – c'était elle – avait réservé quelques-unes des chambres de son vaste appartement pour la location. Mis à part ces trois ou quatre pièces occupées par des touristes, rien n'avait changé, ni les chromos accrochés aux murs, ni le piano dans l'entrée, ni les napperons de dentelle sur les tables. Son salon, à gauche en entrant, était décoré, si le mot peut s'employer ici, d'un invraisemblable amoncellement de vitrines emplies de bibelots, de fauteuils tendus de velours, de devants de cheminée en tapisserie.

Je traversai cette bonbonnière en prenant conscience de la rusticité de mon apparence. Mon hôtesse eut la bonté de ne pas s'en offusquer. Le surcroît de revenu que lui apportaient ses chambres de louage était payé de cet inconvénient : faire pénétrer dans ce cocon des personnages malodorants et hirsutes. Elle avait l'air sûre de son fait et savait que cette épreuve tournait toujours à son avantage. La civilisation se montrait plus forte que ces sauvageries. Au bout d'une heure, le pèlerin ressortait de sa chambre lavé, rasé et parfumé. Ce que je fis.

Santander, avec ses venelles commerçantes, ses bars à tapas, ses épiceries pleines de produits exotiques – pour un Français – me plut énormément. J'achetai, pour remplacer celui qui était tombé en panne, un petit appareil photo numérique Kodak très bon marché. Je l'ai toujours et il fonctionne parfaitement, quoiqu'entre-temps le célèbre fabricant ait fait faillite.

Je me serais bien accordé une journée de repos dans cette ville sympathique, mais j'avais déjà traîné à Bilbao. Le Chemin m'attendait. Je sentais en moi son appel irritant. Si j'avais finalement décidé de rester un jour de plus dans la ville, il m'aurait persécuté en faisant naître en moi remords et culpabilité. J'avais clairement conscience désormais qu'il faisait sa loi et qu'il était inutile de lui résister.

Quand je rentrai à la pension, mon hôtesse prenait le thé dans son salon avec des amies. Elles eurent assez de charité pour ne prêter aucune attention au zombie qui glissait sur les tapis persans de l'entrée et rejoignait le réduit qui lui avait été concédé pour la nuit. Au petit matin, je laissai le prix de la chambre sur le piano, avec la clé de l'immeuble. Et je partis dans les rues que des employés municipaux lavaient à grande eau.

Je ne vous l'ai pas caché : il fut extrêmement fastidieux pour moi de traverser la Cantabrie.

J'éprouve le même ennui à ressusciter les souvenirs de cette partie du Chemin. D'ailleurs, j'en ai peu. Ma mémoire, toujours bonne juge, s'est empressée d'oublier ces portions de côte monotones. Tout au plus me restent quelques souvenirs flottants, épars, que j'ai du mal à situer dans le temps.

Je me souviens assez précisément de la sortie de Santander, à cause d'un sanctuaire appelé la *Virgen del mar*. Je m'obstinais à demander aux passants la direction de cette Vierge de la mer, tandis que je traversai d'interminables banlieues sans charme.

Mon objectif n'était pas seulement décalé dans l'espace : au regard suspicieux des personnes que j'interrogeais, je comprenais que ce sanctuaire marial, jadis lieu d'antiques dévotions, était aujourd'hui bien éloigné des préoccupations quotidiennes des habitants de la région. Ceux qui savaient encore où se trouvait la *Virgen del mar* me recommandaient de m'y rendre en autobus. Pour justifier mon insistance à y aller à pied, je confiais aux passants que rien ne pouvait me paraître loin, puisqu'il me restait six cents kilomètres à parcourir. La surprise laissait alors place à une expression de méfiance extrême voire de dégoût, comme peuvent en susciter de grands aliénés en liberté. Dans certains endroits et c'était le cas dans ces banlieues de Santander, le pèlerin, avec ses références médiévales, ressemble à ces chevaliers que des films comiques projettent dans le présent et qui déambulent en cotte de maille au milieu des voitures.

Passé la *Virgen del mar*, tout se brouille dans mes souvenirs cantabriques. Des épisodes surnagent mais sans ordre. À vrai dire, les billes qui s'égrènent sur ce long chapelet côtier sont à mes yeux interchangeables. Je les évoque au gré de ma mémoire et il se peut que j'en intervertisse l'ordre.

Les premières images qui me viennent quand je pense à cette partie du Chemin sont celles des bords de route. Le Pays basque fait passer le pèlerin dans des sous-bois, des landes, au milieu des champs. La Cantabrie l'abreuve d'autoroutes, de carrefours, de voies de chemin de fer. C'est certainement très injuste et, en faisant le compte exact des kilomètres, il se peut que mon impression soit fausse. Reste que, pour moi, la Cantabrie est le territoire de l'asphalte.

Le piéton, faute d'itinéraires tracés à son intention, devient un sous-homme de la route. Les voies modernes sont construites pour le moteur et le pneu. La jambe et les semelles n'y sont pas les bienvenues. Le fait de suivre les voies routières donne l'impression que le tracé du Chemin n'est pas conforme à l'Histoire. La réalité est inverse et le guide ne manque jamais de le souligner. Le Chemin cantabrique respecte très exactement l'itinéraire des pèlerins médiévaux. Le problème est que cet itinéraire est aujourd'hui couvert de routes. Le Chemin que l'on suit est à la fois authentique et méconnaissable. Il ne laisse aucune place au rêve. Par endroits, ce serait même le cauchemar qu'il proposerait. Près de Mogro, le Chemin longe ainsi d'énormes tuyaux de métal qui mènent à une usine chimique. Pendant des kilomètres, le pèlerin est accompagné de buses rectilignes, dans un décor de fin du monde. Des signes jacquaires sont peints tous les trois cents mètres sur les tuyaux, moins pour indiquer la direction à suivre — il n'y en a qu'une — que pour confirmer au marcheur qu'il n'est pas victime d'une hallucination.

Et si l'on se lasse d'observer les sacro-saintes flèches jaunes de Compostelle, des prophéties tracées à la peinture blanche se chargent de loin en loin de réveiller l'attention. « Jésus sauve ! » est-il écrit en grosses lettres sur les tuyaux. L'invocation du Christ à cet endroit est plutôt de nature à ôter tout espoir au pèlerin : la seule manière qu'aurait le Christ de le sauver serait de l'éloigner du déprimant voisinage de ces buses en fibrociment qui courent jusqu'à l'horizon.

Pour achever de démoraliser le marcheur, ces tuyaux longent l'une des autres spécialités de la Cantabrie :

les lotissements vides. Le boom immobilier espagnol s'est accompagné d'une frénésie de constructions qui a particulièrement touché ces régions côtières. Le F4 avec garage y est décliné de cent manières différentes. Des programmes ont été construits partout, chacun d'eux basé sur une interprétation bien particulière de la maison mitoyenne. Nombre de ces créations sont assez brillantes et font la preuve du talent des architectes espagnols. Malheureusement, ces conglomérats de petites bicoques ne constituent pas un urbanisme. Posées en rase campagne ou auprès de villages anciens, ces formations pavillonnaires détonnent. J'ai ainsi vu des collines au sommet desquelles était perché depuis des siècles un joli petit village et qui, désormais, se prolongent sur leurs flancs par des lotissements modernes plus étendus que la cité millénaire qu'ils entourent. Cette floraison de nouvelles constructions serait assez réjouissante si elle s'accompagnait d'une population. Malheureusement, l'immense majorité de ces alvéoles sont vides. Tout y a été prévu, sauf les habitants. Des pancartes « à vendre » fleurissent les balcons. Les volets sont fermés. Çà et là, une maison habitée, avec ses jouets sur la pelouse et son linge aux fenêtres, vient souligner le désert de l'ensemble.

Lorsqu'on quitte enfin le pipeline, c'est pour arriver à une usine chimique. Pourtant, on se sentirait presque soulagé : au moins on retrouve des êtres humains. Des camions roulent. Des cheminées lancent dans l'air une fumée âcre et que l'on imagine volontiers toxique. Ce n'est pas agréable ; on pourrait rêver mieux. Mais tout paraît préférable à la désolation de quartiers préparés pour la vie et habités par le silence de la mort.

Beautés profanées

CERTAINS d'entre vous qui ont visité en touriste la côte cantabrique sont probablement révoltés par la présentation négative que j'en fais. Ils ont envie de me lancer : « Santillana del mar ! Comillas ! Colombras ! » autant de lieux chargés d'Histoire, autant de villages considérés à juste titre comme des joyaux d'architecture.

Ces lieux sont beaux, je l'admets, mais si je me place dans la perspective de ce récit, qui est celle du marcheur, ils ne rachètent en rien la monotonie des paysages industriels. Sans doute ne les ai-je pas visités à la bonne époque. Au creux de l'hiver, sous un voile de nuages, ils dégagent sûrement une poésie qui les situe hors du temps. Hélas ! au mois de juin, par un chaud soleil, ces lieux historiques sont ensevelis sous des foules de touristes. Des cars stationnent à leurs abords, qui déversent des visiteurs venus du monde entier. Les ruelles se chargent de badauds que remorquent, parapluie en l'air, des guides vociférants. On peinerait à trouver une boulangerie ou une épicerie, mais les échoppes de souvenirs se succèdent, couvrant les vieilles pierres de présentoirs affreux auxquels sont suspendus des colifichets. Les places sont envahies de chaises en plastique et de parasols dédiés au dieu Coca-Cola. Le menu à huit euros et les *boccadillos* dévoilent leurs charmes sur de grandes ardoises.

Ivre de solitude, le pèlerin est étourdi dans ce capharnaüm. Lui, qui n'a rencontré personne ou presque sur le Chemin, s'étonne de voir proliférer dans ces ruelles des personnages arborant force coquilles Saint-Jacques et autres attributs du Chemin. Il y a bien parmi eux quelques marcheurs authentiques. Les autres, dans leur immense majorité, sont chaussés de mocassins en cuir ou d'espadrilles. Leur élégance, leur propreté, leur fraîcheur sont bien peu compatibles avec les fatigues du Chemin. On comprend, lorsqu'on les voit regagner les cars, qu'ils appartiennent à la catégorie des pèlerins motorisés. Les tour-opérateurs leur ont vendu Compostelle et ils les y conduisent en faisant de courtes haltes aux endroits « intéressants ».

Le pèlerin marcheur se révolte bien injustement contre ces pratiques. Après tout, elles rendent le pèlerinage accessible à des personnes qui n'ont ni le temps ni l'âge de marcher pendant mille kilomètres. Mais, par-delà les jugements de valeur, il est vrai que la présence de ces foules fait obstacle à la contemplation sereine des monuments. Le marcheur est placé en Cantabrie au cœur d'un dilemme : soit il dispose à profusion de silence et de solitude, mais c'est pour traverser des paysages sans grâce et longer des routes monotones. Soit il a devant lui des merveilles d'architecture, mais il les aperçoit à peine, perdu au milieu d'une humanité bruyante chez qui le caméscope a remplacé l'œil et l'autobus les jambes.

J'ai pris la fuite. Santillana del mar, « le plus beau village d'Europe » selon Jean-Paul Sartre – que faisait-il donc là ? – m'a retenu dix minutes, le temps de boire un jus d'orange dans le patio d'un restaurant. Aucune des serveuses que j'interrogeais ne connaissait le village. Elles venaient toutes d'ailleurs, recrutées pour la saison estivale. Un congrès de médecine ajoutait ses foules et ses bus à la masse déjà compacte des touristes et des pèlerins motorisés.

Je quittai sans regret ces superbes maisons qui n'avaient plus à mes yeux aucune réalité tant elles étaient devenues un simple décor, celui d'une tragédie moderne qui se nomme le tourisme de masse.

Et, sitôt retourné au silence du Chemin, j'eus le sentiment d'avoir échappé à un naufrage. Il se trouve de surcroît, que les paysages après Santillana sont d'une sereine beauté. Une *ermita* déserte, tout en haut d'une colline, propose à l'œil une consolation bienvenue après les foules du village. Et l'on se dit que les ermites étaient peut-être déjà saisis du même trouble qui nous a fait tout à l'heure quitter la bousculade. L'esprit du Chemin est bien là, dans ce désir de parcourir le monde pour le fuir et de retrouver les autres là où il n'y a personne. « Les hommes, écrivait Alphonse Allais, aiment se rassembler dans les déserts... »

Comillas est un peu moins encombré de touristes, mais la folie de Gaudí attire beaucoup de monde et je n'ai retrouvé la paix qu'en me couchant sur les immenses gazons déserts qui bordent les bâtiments néogothiques de l'université pontificale.

Quant à Colombras, il est l'épicentre de la région où les Espagnols partis faire fortune en Amérique du Sud ont choisi de bâtir des palais. La pluie tombait dru quand j'y arrivais. Je me réfugiai sous un auvent du musée de l'Indien, un de ces bâtiments construits par les fils prodigues de retour des Tropiques. Les trombes d'eau avaient chassé les visiteurs comme les habitants, et l'endroit reprenait un peu de son charme nostalgique.

Il témoigne d'une autre aventure qui n'appartient plus au monde jacquaire mais à son prolongement : le chemin que les émigrants ont tracé sur l'océan, bien plus à l'ouest que Compostelle, jusqu'aux terres américaines. C'est une autre sensibilité, une autre histoire et elle ne me parlait pas à ce moment-là. Ces palais vides me semblaient plus proches des lotissements déserts qui défigurent les villes et les villages de la région que des œuvres médiévales semées par les pèlerins le long du Chemin. J'ai quitté Colombras sans autre regret que de retrouver une nationale. La pluie battait fort et j'ai trouvé refuge dans un motel pour routiers. Pendant la nuit, le bruit des camions qui soulevaient des gerbes d'eau m'a servi de berceuse. On a les cantilènes qu'on peut.

Échaudé par ces mauvaises expériences, j'ai cru pouvoir trouver mon bonheur dans une cité historique moins connue et moins visitée, où je suis arrivé, en même temps que le soleil, à la fin d'une après-midi pluvieuse.

San Vicente de la Barquera est situé sur un estuaire. Le pèlerin aperçoit la ville de loin, en traversant un long pont routier. Les quartiers du port ne sont guère attirants, dédiés à un tourisme de pêche et de bains qui n'était pas encore de saison.

Quelques visiteurs égarés déambulaient sous les arcades de la rue commerçante. La seule consolation qu'ils eussent trouvée était d'énormes glaces qu'ils dégustaient en marchant. J'en achetai une, sur la foi de tous ces témoignages de plaisir et ne fus pas déçu. Muni de mon cône coiffé de crème glacée framboise et cassis, je quittai la ville basse et entrepris de gravir les ruelles qui montaient vers la citadelle. L'endroit était magique. Bien restauré mais pas trop léché, tranquille mais pas désert, plein de souvenirs médiévaux et cependant habité et vivant, le quartier historique de San Vicente est une friandise pour pèlerin désespéré. Si rétif que soit le marcheur à la quincaillerie historique du Chemin, il finit par se faire prendre au jeu de la nostalgie. Le pèlerin aime sentir qu'il met ses pas dans ceux de millions d'autres, qui ont emprunté le même parcours pendant des siècles. Voilà pourquoi, si on lui en donne l'occasion, et San Vicente répond à cette attente, le pèlerin, quel qu'il soit, aime sentir vibrer autour de lui les pierres. Il éprouve une jouissance sans pareille à laisser son imagination le tromper, brouiller les époques, lui laisser croire qu'il est retourné au temps du *Nom de la Rose*. La citadelle à San Vicente, contrairement aux villes nécrosées qui jalonnent le parcours cantabrique, reste un lieu vivant dans lequel s'opère cette transmutation du présent en éternité. J'avais terminé ma glace depuis longtemps que j'étais encore à déambuler sous le charme de cette cité merveilleuse. Il commençait à se faire tard. Je décidai de chercher un endroit où faire halte pour la nuit, parmi ces murs qui me parlaient si intimement.

Dans l'antre du gourou

C'EST ALORS que je repérai, dans un bâtiment proche de l'ancienne mairie, une *albergue* privée. L'entrée n'était pas sur la rue mais en contrebas. Il fallait passer par la porte d'un garage en sous-sol. Des collections de chaussures de marche, soigneusement alignées dans des casiers, indiquaient que l'on était bien au royaume des pieds qui puent, dont j'étais devenu un des sujets et, à cet égard, pas des moindres. J'ajoutais mes fidèles compagnons de Guernica à la collection hétéroclite des brodequins exposés, puis j'entrai.

La première pièce, assez vaste, était occupée par une immense et unique table tout en longueur. Aux murs étaient épinglés d'innombrables cartes postales, des photos, des articles de journaux depuis longtemps passés sinon au soleil – il ne devait jamais pénétrer dans ce sous-sol –, mais au moins à l'oxygène pourtant rare de l'air ambiant.

Par la porte ouverte d'une cuisine entraient des odeurs écœurantes de tambouille. Deux ou trois pèlerins d'origines diverses, principalement allemands, traversèrent la salle pendant que j'attendais debout que paraisse l'hospitalier. Mes congénères teutons me saluèrent aimablement et, pour créer entre nous une complicité de bon aloi, humèrent ostensiblement l'air chargé de graillon, en émettant des « Humm ! » gourmands. Leur indulgence me stupéfia et surtout me fit comprendre que ce qui cuisait n'était pas destiné au chien attaché à l'entrée du garage mais bel et bien aux pèlerins.

Un jeune garçon sortit à cet instant de l'antre de Gargamel et se dirigea vers moi. Ses premiers mots furent pour me demander cinq euros (le prix de la nuitée) et ma *credencial*. Il me regardait avec un air goguenard pendant que je fouillais dans mon sac. Son attitude me fit penser au héros d'un roman américain horrible et puissant appelé *Mandingo*. Il met en scène un père et un fils qui tiennent une ferme d'élevage humain, dans le sud américain. Leur bétail est constitué d'esclaves qu'ils engraissent et font se reproduire pour les vendre à des planteurs. Le fils, malgré son jeune âge, était accoutumé à traiter ces êtres humains comme des bêtes, à les enchaîner et à les fouetter sans ressentir la moindre empathie. Je me demandai un instant si mon jeune geôlier n'allait pas me regarder les dents…

Une fois mon dû payé, le gamin m'emmena dans un boyau sombre et ouvrit une porte. Dans ce qui avait dû jadis être un garage ou une cave, des lits superposés avaient été disposés, si près les uns des autres qu'il était à peine possible de circuler entre eux. Poussant sans ménagements Bataves et Coréens en liquette, le jeune tenancier me conduisit jusqu'à un lit qu'il désigna du doigt. Puis il tourna les talons et me laissa en plan.

Avec ses lampes de faible puissance, son plafond bas sillonné de tuyaux et son crépi jaunâtre, le lieu me faisait irrésistiblement penser au PTT-building de Sarajevo pendant la guerre de Bosnie. Occupé par les casques bleus de diverses nationalités, ce bâtiment, découpé par des cloisons provisoires, était le royaume du lit picot, de la douche de campagne et de la ration de combat. Pour être tout à fait honnête, je dois dire que les casques bleus étaient mieux installés.

Je posai mon sac sur le matelas qui m'avait été attribué. Il y dessina un petit berceau, me laissant imaginer jusqu'où le frêle sommier se creuserait sous mon corps. Le lit du dessous était occupé par un cycliste qui, assis sur le rebord, s'employait pour l'heure à masser ses durillons à l'aide d'une pommade. Il était difficile de démêler ce qui sentait le plus mauvais, des pieds du vélocipédiste ou de l'onguent marron dont il les enduisait.

L'homme me salua d'un « Bon *Camino* » assez déplacé puisque, pour l'heure, le seul chemin qui me restait à parcourir était celui qui me mènerait au matelas superposé. À certaine tonalité nasale de l'individu, je formulai la double hypothèse qu'il était allemand, ce qui m'était égal, mais surtout qu'il appartenait à l'immense confrérie sans frontière des ronfleurs.

Je décidai de mettre au moins mon séjour dans cette auberge à profit pour prendre une douche. Les sanitaires étaient dissimulés dans un autre recoin du bâtiment, guère mieux éclairé. Pour éviter que les pèlerins ne se livrent à des excès de consommation d'eau, les robinets étaient remplacés par des poussoirs. En appuyant vigoureusement sur ces boutons métalliques – ce qui devenait impossible dès lors qu'on avait du savon sur les mains –, on déclenchait une brève cataracte d'eau tiède, aussitôt tarie. Jamais je n'avais vu un dispositif expérimental aussi sophistiqué pour générer artificiellement des pneumonies. Par bonheur, en quelques minutes de détention, j'avais déjà acquis l'esprit frondeur de tous les prisonniers et je mis au point un système pour bloquer le bouton-poussoir à l'aide d'un Coton-Tige coupé en biseau. Je vous donne le truc à tout hasard, si le destin devait vous conduire à de telles extrémités.

Lavé, rasé, les dents propres, je trouvai l'énergie suffisante pour envisager l'évasion.

Je me rhabillai et allai dans la grande salle tenter de récupérer ma *credencial*. Ce carnet était désormais plein de précieux tampons et j'en étais fier. À mesure que l'on avance sur le Chemin, nourrir ce précieux document devient presque une fin en soi ; il n'était pas question que je l'abandonne dans ma fuite. Quand j'entrai dans la salle, elle me parut vaste et claire, en comparaison des boyaux obscurs dont je sortais. Au bout de la grande table trônait un homme d'âge mur, l'œil vif, l'air austère. Je reconnus le père du jeune garçon qui m'avait accueilli – je n'ai pas trouvé d'autre mot. Par son attitude, l'homme signifiait assez qu'il était souverain en ce territoire. Quiconque y entrait déposait sa volonté avec ses chaussures et devait se prêter au bon vouloir du gourou. Il m'interrogea dans plusieurs langues, tout en sachant que j'étais français car il tenait en main ma *credencial*. Je compris qu'il s'agissait de montrer que son empire, tel celui d'Alexandre, s'étendait jusqu'aux extrémités de la terre et que, en un mot, il en avait vu d'autres.

— Parisien ? me demanda-t-il enfin.

Je ne pouvais que reconnaître l'évidence : mon adresse était inscrite en gros sur la *credencial*.

— J'ai vécu à Paris, moi aussi, dans le temps, me confia-t-il sans me quitter des yeux. À Passy.

— C'est un beau quartier, commentais-je assez niaisement.

— Un quartier de gens riches ! Mais moi, je ne l'étais pas. Je vivais dans une chambre de bonne.

J'allais répondre, pour garder une contenance, « vous deviez avoir une belle vue », mais je ravalais mes réflexions sur les sixièmes étages sans ascenseurs, sentant vaguement qu'il pourrait y voir de l'ironie.

— Vous, vous habitez un beau quartier aussi, poursuivit le seul maître après Dieu. Mais sûrement pas dans une chambre de bonne...

Je me dandinais d'un pied sur l'autre. La situation était plus critique que je ne l'avais craint. Visiblement, le grand manitou du lieu ne pratiquait pas la discrétion en usage chez les pèlerins. Il voulait tout savoir et l'interrogatoire, s'il se prolongeait, risquait de me conduire à avouer des fautes qui ne me seraient pas pardonnées. J'imaginais l'effet que des mots tels que médecin ou écrivain pourraient produire. Je pensai à mon grand-père, lors de son arrivée en déportation en 1943. Se faire bien voir de ses geôliers était pour lui une question de vie ou de mort. Cette comparaison me fit revenir à moi et je mesurai toute la différence qui séparait ces deux situations. Mon grand-père était prisonnier et c'était la guerre. J'étais encore libre que je sache et, à la différence de Sarajevo, San Vicente de la Barquera n'était pas bombardé. Un sursaut de fierté me fit reprendre mes esprits.

— Je voudrais récupérer ma *credencial*, s'il vous plaît.

L'homme n'avait pas l'habitude qu'on lui résiste. Visiblement, ses pensionnaires non seulement se soumettaient à ses règles mais paraissaient en tirer un certain plaisir. Je connais des bistrots à Paris où des messieurs par ailleurs autoritaires et habitués à commander viennent s'adonner à l'heure du déjeuner au plaisir masochiste de se faire rudoyer par un patron insolent et grossier. Les coups de fouet moraux qu'il leur assène pendant le repas semblent les revigorer et leur donnent une énergie nouvelle pour tourmenter leurs propres subordonnés l'après-midi. Sans doute parce que je n'aime ni obéir ni commander, ce type de jouissances m'est étranger et le gourou du sous-sol dut le percevoir.

Il tenta une manœuvre dilatoire.

— Ne soyez pas pressé, dit-il en donnant un coup de menton en direction d'un registre sur lequel était déposée une pile de *credenciales*. On vous la rendra quand elle sera enregistrée.

Cette pauvre tentative de me retenir était vouée à l'échec et il le savait. Chacun d'entre nous observa dans la suite les règles tacites d'une chorégraphie destinée à éviter tout incident. Je retournai jusqu'au dortoir et récupérai mon sac à dos. Le responsable de l'auberge avait un instant quitté son trône quand je traversai la grande salle, et elle était vide. En un instant, je repris ma *credencial* que le tenancier avait posée avec les autres et me dirigeai vers le local à chaussures. Le temps de les lacer à la hâte et j'étais dehors. Je respirai profondément ct montai jusqu'aux terrasses de la citadelle. La vertu du grand air et des vieilles pierres est de faire oublier instantanément que peuvent exister des lieux de clôture, de laideur et d'asphyxie. J'avais eu décidément bien raison de m'enfuir. Non pas que le jugement porté à la hâte sur cette auberge eût été forcément juste. D'autres pèlerins, rencontrés plus tard, me confièrent même que ce fut une de leurs meilleures haltes. Celui que j'avais pris pour un gourou s'était, paraît-il, révélé un hôte plein d'entrain, régalant ses convives de chansons entonnées en chœur jusque tard dans la soirée. J'ai sans doute perdu quelque chose, mais, à mes yeux, j'avais sauvé l'essentiel : la poésie nostalgique de ce lieu de mémoire qui requerrait plutôt la solitude que les refrains folkloriques.

Cependant, il ne serait pas dit que ma désertion resterait impunie : je ne retrouvai aucun autre séjour, m'interdisant le confort d'un hôtel et passant sans me laisser tenter devant une pension pourtant nommée Galimard. La nuit tombait. Je décidai de planter ma tente un peu au hasard mais, comme nous étions toujours en Cantabrie, ce hasard me proposa comme seul espace disponible le talus herbeux qui surplombait une autoroute.

Je sortis mon réchaud et fis cuire sur son petit feu un fricot sans grande qualité. Puis je m'endormis sous ma frêle toile, bercé par le bruit des poids lourds.

Adieu au rivage

LES MEILLEURS SOUVENIRS que j'ai gardés de la Cantabrie, je les dois aux moments où je me suis égaré. Un jour de pluie, je bifurquai à un croisement de sentier et me retrouvai perdu en pleine montagne. Là où le chemin ordinaire m'aurait retenu dans la plaine et au bord des routes, je me retrouvai à grimper une côte escarpée au milieu d'épais fourrés que vernissait la pluie. Tout en haut, je débouchais sur une longue crête plantée d'épicéas et d'eucalyptus. Par moments, le vent dégageait les brumes et découvrait la côte, loin en contrebas. La route n'était plus qu'un joli serpent noir qui glissait sur la verdure des prairies, lointaine, silencieuse, enfin ! De l'autre côté, vers l'intérieur, les trouées des nuages laissaient émerger par instants de hautes montagnes noires. La proximité des magnifiques Picos de Europa se révélait ainsi, entre deux bourrasques. Elle me laissait deviner l'existence d'une autre Cantabrie, que j'aimerais découvrir un jour et que le Chemin, hélas ! ne montre pas. Je connus ce matin-là le bonheur d'être perdu dans la nature, sans coquille à repérer, sans bruit de camions ni lotissements déserts. Je m'orientai comme le font les montagnards, reprenant d'un coup la vision d'ensemble que l'on doit avoir lorsque l'on trace soi-même son itinéraire par monts et par vaux, fier d'avoir ôté de mon cou la laisse asservissante du Chemin. Après une longue descente dans les bois, je me retrouvai dans un petit village endormi. La seule animation était un café-tabac-épicerie dans lequel je me séchai et engloutis un copieux sandwich.

Une cliente toute vêtue de noir, ridée et coiffée d'un chignon gris, me demanda si j'étais français. Elle parlait notre langue à la perfection, avec un accent qui mêlait la gouaille parigote et les rugosités espagnoles. Les Batignolles lui manquaient. Pendant les trente années qu'elle y avait passées, elle n'avait cessé de rêver à son village au pied de la montagne. Et, depuis qu'elle y était retournée, le métro, la place Clichy et les bistrots auvergnats hantaient ses nuits.

Elle s'emplit auprès de moi d'une bouffée d'air parisien, me fit parler des lieux qu'elle connaissait, pour savoir s'ils avaient changé. Je retrouvai l'antique fonction des pèlerins du Moyen Âge qui colportaient les nouvelles et reliaient les mondes.

Puis, saisissant son cabas que tendaient des miches de pain et des bouteilles de vin rouge, ma Parisienne de Cantabrie s'enfuit dans la tempête, serrant dans son cœur les quelques perles de nostalgie qu'elle avait tirées de moi.

*

À mesure que j'approchais des Asturies, le rivage devenait plus escarpé. Il prenait parfois sous l'orage des allures écossaises, avec ses rochers noirs et ses prairies d'un vert cru qui surplombaient les gerbes d'écume. C'était comme si la mer, sentant que j'allais bientôt la quitter, faisait étalage de tous ses charmes, pour que j'emporte d'elle un bon souvenir. Moi qui ne lui avais guère prêté attention tant qu'elle était étale et monotone, je me mis à la contempler avec émotion et à chérir sa présence au point d'établir mes bivouacs dans son voisinage. Je m'offris quelques-unes de mes plus belles nuits sur des promontoires tourmentés, cernés de gerbes d'eau et couronnés de tempêtes. J'eus droit à des crépuscules nimbés de brume dorée et à des aubes apaisées, violettes comme des lèvres de nouveau-né. Dans mon sommeil toujours léger se mêlaient le jappement des chiens, loin dans les fermes, et le murmure tout proche du ressac qui ourdissait sans relâche son complot millénaire contre les terres.

Dans ces dernières étapes côtières, la sauvagerie du rivage exerçait sur moi une telle fascination que je me hâtais de le rejoindre. Je traversai les villes sans prêter attention à leurs charmes supposés. J'avais mon content d'architecture balnéaire et de restaurants typiques, de conserveries de poissons et de cidreries pittoresques. Le temps de faire tamponner ma *credencial*, d'avaler un menu du jour à dix euros et même, parfois, un menu anticrise à huit, voire à sept euros, et je suivais de nouveau les coquilles pour retrouver le littoral. J'ai toujours entretenu des rapports assez bizarres avec la mer. Au Sénégal, j'étais exaspéré de la découvrir chaque matin sous mes fenêtres, étale, uniformément bleue, griffée de pirogues. Mais, quand j'y pense aujourd'hui, je la vois pendant la saison des pluies : l'île de Gorée fouettée par les grains venus de l'océan, la mer froissée par les doigts nerveux du vent, ourlée de fine écume. Et j'éprouve une nostalgie que rien ne console.

En Cantabrie, j'ai connu la même alternance de rejet et d'attachement. Je me suis impatienté de devoir subir l'intenable compagnie de cette mer dépourvue de fantaisie et, oserais-je dire, de conversation. Et puis, au moment de la quitter, je me suis attaché à elle au point de souffrir à l'idée d'en être séparé et cela avant même que le Chemin m'ait éloigné d'elle. Les dernières nuits en sa compagnie étaient douloureuses de plaisir. Si je me permets ici une confidence, je dirais que ce paradoxe est celui de toute ma vie. Sans doute ne suis-je pas le seul à goûter les choses et les êtres au moment où ils nous quittent. Mais j'ai poussé plus que d'autres le vice ou la gourmandise jusqu'à m'éloigner souvent de ce que j'ai de plus cher, pour en mesurer le prix. Jeu dangereux où l'on peut gagner beaucoup, mais où il y a encore plus à perdre.

Avant de quitter la Cantabrie, j'eus à affronter un dernier danger. Au cours d'une étape verdoyante, le Chemin emprunte des espaces gazonnés, soigneusement entretenus, que l'on prend d'abord pour un cadeau inattendu de la nature. Assez vite, cependant, on comprend que cette nature-là n'est pas naturelle : l'itinéraire traverse un golf. Des joueurs le parcourent, en traînant des caddies. Le doute s'installe dans l'esprit du marcheur et, bientôt, un panneau lève toute ambiguïté. « Attention aux balles », est-il écrit. On s'avise alors que l'on marche en plein sur le parcours, sans aucune protection. Compte tenu de la bienveillance des populations locales pour les pèlerins, on se dit alors que certains joueurs peuvent être tentés d'améliorer leur handicap en abattant d'un coup précis un de ces intrus. Je ne retrouvai mon calme qu'en quittant le terrain, ce qui me prit tout de même un bon quart d'heure, en courant à toutes jambes.

Enfin vint l'heure de la séparation : le moment où le Chemin quitte définitivement la côte et s'enfonce dans les terres. Le drame se produit non loin du village de La Isla, qui ne m'a pas laissé un souvenir remarquable. L'éloignement est progressif. On continue d'apercevoir longtemps des bouts de falaises, des morceaux de criques, l'horizon. Puis tout est fini : la campagne vous environne. Vous êtes dans les Asturies.

Cantabrie : école de frugalité

PARVENU à ce point du chemin, j'étais devenu un pèlerin accompli. C'est un état qui se traduit par quelques signes extérieurs et surtout un nouvel état d'esprit. J'ai déjà évoqué la saleté du marcheur : elle n'est pas inéluctable, et elle n'est pas absolue. Certains pèlerins patentés sont les scrupuleux clients des douches mises à leur disposition dans les *albergue*. Le peu de vêtements dont ils sont en général chargés leur impose des lessives quotidiennes dont ils s'acquittent à peine arrivés à l'étape. Mais, aux pièces d'habillement qui sèchent aux abords des refuges, on comprend que chacun se fait de l'hygiène une idée bien à lui et qui est rarement complète. Le tee-shirt est assez universellement l'objet de soins quotidiens. C'est l'oriflamme qui flotte le plus à l'entrée des camps retranchés occupés par les pèlerins. Viennent ensuite les chaussettes. Les autres vêtements se font plus rares sur les cordes à linge et on en déduit facilement ce qui est porté chaque jour sans être lavé.

Le pèlerin solitaire est évidemment le moins motivé pour faire des efforts de toilette. J'ai déjà souligné avec quelle rapidité je m'étais transformé en clochard céleste. Le parcours cantabrique avait achevé de m'installer dans la négligence. Barbe en broussaille, pantalon taché, chemise imprégnée de sueurs recuites, j'étais bien calé dans ma crasse, éprouvant la jouissance d'être protégé par elle comme par une armure. Lorsqu'on est livré au monde sans toit ni carrosserie, lorsque l'on sent physiquement autour de soi l'infini des paysages, lorsque rien n'arrête le regard, quelque point cardinal qu'il considère, lorsque le chemin s'étire à perte de vue devant et derrière, sans doute est-on rassuré de marcher environné par sa propre odeur, à laquelle semblent se réduire toutes les richesses dont on dispose encore. Les pèlerins, quand ils se rencontrent, gardent inconsciemment leurs distances. S'ils s'approchent, les remugles de l'autre les convainquent qu'ils risquent d'être indiscrets : deux pas de plus et ils entrent chez quelqu'un.

La portion cantabrique, après les beautés basques, a un autre mérite : elle administre au pèlerin en voie de perfectionnement une leçon supplémentaire d'humilité. Pour un peu, au début, il aurait cru que le chemin était à son service, tracé pour combler ses yeux. Quelques dizaines de kilomètres de bitume attendrissent cette chair encore trop ferme : le pèlerin est là pour marcher, que cela lui plaise ou non, qu'il y trouve ou pas son content de paysages ! Pipelines en ciment et usines, lotissements déserts et bandes d'arrêt d'urgence, carrefours giratoires et banlieues industrielles sont nécessaires pour devenir un vrai pèlerin, débarrassé de toute prétention touristique. Giflé par ces épreuves, le marcheur se sent d'abord groggy. Puis il s'accommode de son sort. Commence alors une phase nouvelle du Chemin : elle ne réclame plus l'enthousiasme mais l'habitude et la discipline. Le pèlerin obéit au Chemin, comme il l'a fait sans s'en rendre compte depuis le début, mais cette fois il s'exécute sans murmurer. Il a trouvé son maître. Chaque matin, il chausse ses souliers comme on enfile un bleu de chauffe. Ses pieds se sont adaptés à ses semelles, ses muscles se sont déliés, la fatigue lui obéit et s'efface au bout d'un nombre connu de kilomètres. Le pèlerin pèlerine comme le maçon maçonne, comme le marin part en mer, comme le boulanger cuit ses baguettes. Mais, à la différence de ces métiers que récompense un salaire, le pèlerin n'a aucune rétribution à espérer. Il est un forçat qui casse ses cailloux, une mule qui tourne en rond autour de son puits. Cependant, l'être humain est décidément fait de paradoxes et la solitude permet de bien les observer : le Jacquet s'extasie de trouver au fond de cette servitude une liberté inédite.

Le forçat se réjouit quand, pendant un instant, il n'est pas enchaîné et la mule est tout heureuse si on la mène sur un chemin droit. De la même manière, condamné au pire, le pèlerin se repaît de la moindre consolation. Un rayon de soleil le sèche tandis qu'il s'est trempé jusqu'aux os en marchant dans les flaques d'un bord de route : le voici radieux. Il s'arrête dans un affreux bistrot près d'une station-service et, merveille !

le jambon est délicieux et le pain moelleux : il se pâme. Il trouve un arbre pour s'abriter du soleil de midi et les chiens qui aboient à la mort dans la ferme derrière lui sont retenus par une bonne clôture : il ferme les yeux de bonheur. La Cantabrie enseigne la frugalité et contraint le marcheur à mieux user de ses sens pour découvrir à la surface d'une réalité sans grâce des risées de bonheur, des fleurs de bonté inattendues.

Un jour, après un interminable trajet sur une route rectiligne écrasée de chaleur, je suis entré dans la mairie d'un village pour récolter mon tampon. Car, avant de se remplir le ventre, le pèlerin accompli sait qu'il doit d'abord nourrir sa *credencial*.

Les bureaux étaient déserts, encombrés de papiers. En m'enfonçant dans les couloirs, mon sac sur le dos, j'avais conscience d'être de plus en plus déplacé. Soudain je tombe sur une employée. Elle est confuse. Elle m'explique que les pèlerins ne s'arrêtent jamais ici. Il n'y a pas de sceau pour eux. Je lui demande de m'excuser, je m'apprête à prendre la fuite. Mais elle m'invite à rester. Elle farfouille dans un bureau, dans un autre. Enfin, elle trouve un tampon quelconque. Même manège pour dénicher un encreur. Elle disparaît. Je reste planté là. Les dossiers empilés me regardent sévèrement et me font le reproche muet de souiller ces beaux bureaux avec mes pieds malpropres et mon tee-shirt collé par la transpiration. Enfin, la femme revient. Elle me rend ma *credencial* tamponnée, et, de l'autre main, me tend un petit porte-clés aux armes de sa ville.

J'imagine qu'on agissait de même après la guerre avec les prisonniers qui rentraient chez eux. Il me semble que nous sommes dans un film de Gérard Oury et je m'efforce de sourire avec le même air que Bourvil dans *La Grande Vadrouille*. Il y a quelque chose de tendre et en même temps de puissant dans cette rencontre. Un instant, j'ai eu envie d'embrasser ma bienfaitrice et il n'est pas impossible que la même idée lui ait traversé l'esprit, car un homme libre qui croise votre vie à l'heure de midi, si sale fût-il et – qui sait ? –, justement parce qu'il l'est, peut faire naître de troubles désirs chez une employée de mairie. Mais je me suis rappelé soudain que je n'étais qu'un forçat évadé. Le Chemin m'a saisi par les épaules et ramené à lui.

J'ai pendu le porte-clés sur une boucle de mon sac. Il y est toujours.

Dans l'alambic du Chemin

AIS LES TRANSFORMATIONS physiques du pèlerin ne sont rien à côté de sa métamorphose spirituelle. Lorsqu'il arrive au seuil des Asturies, elle est déjà très avancée mais encore loin d'être complète. Le marcheur a déjà connu des centaines d'heures de solitude. Il avance vers le Grand Secret, même s'il ne fait encore que le pressentir.

Comment résumer ce lent processus ? Il est en partie indicible comme toutes les transformations mentales qui procèdent d'épreuves physiques. Tel est le principe des initiations. On peut cependant déceler quelques grandes étapes dans ces évolutions.

Au départ du Chemin, on pense énormément. La disparition de tous les repères connus, l'avancée vers une destination si lointaine qu'elle paraît inaccessible, l'impression de nudité que produit sur le marcheur l'immensité qui l'environne, tout est propice à une forme particulière d'introspection que seul le grand air peut produire. On est seul avec soi-même. La pensée est l'unique présence familière ; elle permet de recréer des dialogues, de convoquer des souvenirs avec lesquels on se sent une proximité bienvenue. Le marcheur se retrouve lui-même avec émotion comme s'il rencontrait soudain une vieille connaissance. Projeté dans l'inconnu, l'ailleurs, le vide, le lent, le monotone, l'interminable, il laisse sa pensée se blottir dans l'intimité d'elle-même. Tout devient exaltant et beau : les souvenirs, les projets, les idées. On se surprend à rire tout seul. D'étranges mimiques se forment sur le visage qui ne sont destinées à personne puisqu'on a pour seule compagnie les arbres et les poteaux télégraphiques. Le pas, c'est bien connu, agit sur la pensée comme un vilebrequin : il l'ébranle, la met en route, reçoit en retour son énergie. On avance à l'allure de ses songes et, quand ils sont lancés à plein régime, on court presque. Je me souviens d'avoir franchi les premières étapes à une vitesse étonnante. Je n'avais aucune intention d'accomplir des exploits, mais, comme le dit justement l'expression familière : « la gaîté me donnait des ailes ». Cette phase est brève ; il ne faut pas oublier de la savourer. Car l'exaltation ne dure pas. La pensée, peu à peu, s'enfonce à la manière de ces ferries rapides que la vitesse a soulevés et qui, à l'approche du port, retombent mollement dans l'eau.

Le marcheur, au bout de quelques heures, prend conscience d'une autre présence : celle de son corps. Cet outil d'ordinaire silencieux commence à grincer. Les diverses corporations qui composent cette admi-nistration complexe se présentent bruyamment les unes après les autres, commencent à revendiquer et finissent par hurler toutes ensemble. La digestion se manifeste la première, avec ses armes bien connues : la faim, la soif, le ventre qui gargouille, les boyaux qui se tordent, imposent l'arrêt... Les muscles viennent ensuite. Quelque sport que l'on fasse habituellement, ce ne sont jamais les bons muscles que l'on aura entraînés. Le sportif qui a abordé le Chemin avec l'arrogance de celui qui en a vu d'autres sera le premier étonné d'avoir quand même mal partout. La peau qui, d'ordinaire, sait pourtant se faire oublier, se rappellera au bon souvenir du marcheur à tous les endroits où quelque chose gonfle, frotte, irrite, troue. Ces méprisables organes, besoins, désagréments, montent des profondeurs du corps et finissent par occuper les étages nobles. Ils interrompent la joyeuse sarabande des images et des rêves, à laquelle on s'était abandonné au début.

Le pèlerin fait alors acte d'autorité. Pour repousser ces demandes subalternes – auxquelles il est toutefois contraint d'apporter des réponses pratiques –, il décide de se forcer à penser. Cela s'appelle réfléchir.

L'effort est déjà là, mais il suscite encore le bonheur. Le marcheur se dit qu'après s'être contenté de ce qui lui passait par la tête, il était temps maintenant d'aborder avec méthode des questions sérieuses. Chacun porte en lui un nombre variable mais toujours excessif de sujets délicats : décisions procrastinées, projets auxquels on n'a pas consacré assez de temps, interrogations métaphysiques auxquelles on n'a jamais eu le courage de répondre.

S'ouvre alors une période de concentration plus ou moins longue selon les individus pendant laquelle on se force à penser sur commande. Je n'ai personnellement pas tenu longtemps. On découvre vite qu'il est excessivement difficile de ne pas se dissiper en marchant. Les signes jacquaires à repérer, les voitures à éviter, les chiens à surveiller du coin de l'œil s'ajoutent pour nous distraire à toutes les alarmes venues du corps, de la plante des pieds au creux des rcins, là où pèse le sac à dos, du crâne que chauffe le soleil aux épaules que cisaillent les bretelles du sac. Bien sûr les idées finissent par venir, si l'on se force un peu. Les problèmes se présentent avec une certaine clarté ; il peut même arriver qu'on entrevoie une solution…

Mais qu'on traverse un village, qu'on aille remplir sa gourde à la fontaine, qu'on discute avec un passant et tout disparaît d'un coup : la solution qu'on avait aperçue, le problème auquel elle répondait, le sujet lui-même… Sur le champ désolé de l'esprit bouleversé brûle, solitaire, une ampoule au talon qu'on avait pourtant cru guérie.

Cette défaite de la pensée produit rapidement une véritable dépression. Comme livré à une stérile convulsion, le pèlerin oscille entre la résignation et un sursaut désespéré. Je me souviens d'avoir décidé un matin que je consacrerai une journée de marche quoi qu'il arrive à parachever le plan du roman dont je projetais la rédaction. Je passais ce jour-là dans une vallée perdue, signalée sur mon guide à juste titre comme l'un des plus sauvages et des plus beaux paysages du Pays basque. Le bourg comptait trois maisons dont un bar. Il était 10 heures du matin. J'y entrais. Une serveuse ravissante mettait la salle en place pour le déjeuner. Elle avait poussé la sono à fond et un rock assourdissant faisait trembler les linteaux de granit des fenêtres. La pièce était décorée dans le style le plus typique des fermes du Pays basque. Tout n'était que vieux bois, cuivres martelés, tomettes cirées. Par la porte, on apercevait une vierge en plâtre dans le chœur de la chapelle voisine. La musique était si forte qu'elle créait dans cette ambiance paisible une atmosphère de combat. Et c'était bien comme une arme que la serveuse utilisait les décibels de *heavy metal*. Une lutte à mort était engagée entre cette fille, sa beauté, sa jeunesse, ses rêves et, en face, ces vieux murs, cette solitude rurale, cette douceur religieuse. J'ai bu mon café au comptoir et la fille, en souriant, m'a offert une part de gâteau qui sortait du four. Sans doute m'était-elle reconnaissante de ce que je ne lui avais pas demandé de baisser sa musique. Dans le combat qui se livrait là-bas, il n'y avait pas de place pour les neutres. Il fallait prendre un parti et j'avais choisi le sien. Quand je repartis, j'avais la musique dans la tête et dans ma mémoire le sourire un peu désespéré de cette fille. Du coup, je voyais autrement le paradis que semblait être cette vallée. Je n'en étais pas à la considérer tout à fait comme un enfer, mais je comprenais qu'on puisse vouloir le fuir. Cette divagation m'amena jusqu'à un cours d'eau, que le Chemin traversait. En me mouillant les pieds, je repris mes esprits. Et je découvris avec stupeur que je n'avais plus aucun souvenir des pensées que j'avais laborieusement suivies pour répondre à mon programme du matin. Pire encore, je n'avais plus aucune envie de les retrouver.

Je finis l'étape ce jour-là presque aussi désespéré que la serveuse du restaurant de campagne, mais sans musique.

C'est à ce moment, au creux de la détresse, qu'il devient le plus tentant de se raccrocher à la dimension religieuse du pèlerinage. À vrai dire, on l'avait presque oubliée, en tout cas sur le Chemin du nord où circulent peu de pèlerins, tant l'atmosphère générale est profane et tant il est rare que quiconque aborde ce sujet. Cependant, quand les fraîches évocations du début se sont taries, quand on a échoué à discipliner sa pensée en lui assignant des objectifs sérieux, quand, en somme, le vide menace et, avec lui, le triomphe de l'ennui et des petits embarras du corps, la spiritualité apparaît comme une planche de salut. Elle a, sur la pensée profane, le grand avantage d'être soutenue par les multiples références religieuses qu'offre le paysage, pour peu qu'on veuille bien y prêter attention. Le guide que l'on transporte et que l'on consulte avant chaque étape mentionne scrupuleusement les abbayes, cathédrales, chemins de croix, chapelles, *ermitas* qui jalonnent le Chemin. On s'étonnerait presque de leur avoir jusque-là porté si peu d'attention. Et l'on se dit que, décidément, le pèlerinage recèle des ruses inattendues pour nous conduire jusqu'à la foi. Pour un peu, on crierait au miracle. C'est le moment où l'on devient avide des explications historiques jusque-là négligées. Le flux millénaire des pèlerins qui ont emprunté ces chemins se met à imprimer dans l'esprit sa marque spirituelle et, si peu motivé par ces aspects de la marche que l'on ait été au départ, on s'en réjouit. La foi apparaît comme une alternative à la régression animale qui menace si concrètement. Être homme, ce serait connaître Dieu ou, à tout le moins, le chercher. L'animal poursuit sa proie ; l'être humain court après son salut. Tout s'éclaire.

Cette découverte produit une catharsis bienvenue dans l'esprit du marcheur qui s'épuisait à penser sans y parvenir. Tout à coup, il peut abandonner le combat sans crainte. L'esprit peut bien se vider, le corps et ses besoins le submerger, le paysage a beau imposer ses figures changeantes, nous soumettre sans la moindre révolte au désagrément de la pluie ou à la morsure du grand soleil, rien de tout cela n'est grave. Car on sait désormais que dans un kilomètre, ou dans dix, une église va nous offrir l'abri de ses voûtes fraîches, le réconfort de ses pierres, la mystérieuse présence du divin. Que l'on soit croyant ou non, on laissera son esprit plonger dans cette eau pure et l'on connaîtra cette sorte particulière de baptême que constitue la manifestation de la transcendance au cœur de son être.

Ce qui jusque-là était une donnée virtuelle, à savoir que l'on se situe dans la filiation immense des pèlerins qui ont emprunté ce chemin au long des âges, devient en ces instants une évidence concrète, une certitude venue du monde autant que du corps et qui s'empare de tout l'esprit. Le pèlerin en danger de désespoir rencontre tout à coup le secours de cette multitude invisible, comme si les âmes de ceux qui sont passés là venaient le soutenir, le gonfler, lui donner courage et force.

Pour moi, cette transformation s'est produite à la fin du parcours cantabrique, tandis que, quittant la côte et piquant vers l'intérieur des terres, je m'approchai d'Oviedo.

Asturies du fond des âges

S I COMPOSTELLE fut le but profane de mon itinéraire, Oviedo constitua le point culminant de sa portion religieuse. Heureux d'avoir reçu la révélation de la dimension spirituelle du Chemin au moment où je commençais à sentir ma motivation décliner, je me suis livré à partir des Asturies à une exploration méthodique des sanctuaires au long desquels je passais. Mais, quand on a cet appétit, les petites chapelles de campagne, les chemins de croix, les ermitages sont denrées apéritives. La faim du pèlerin en phase mystique ne peut guère être apaisée par ces amuse-gueules. Ils ne peuvent que faire patienter, en attendant ce plat de résistance spirituel que constitue la cité sainte d'Oviedo.

Les pèlerins du Moyen Âge considéraient d'ailleurs cette ville comme une destination incontournable. Un fameux proverbe affirme que : « Qui va à Santiago sans passer à Salvador vénère le serviteur et délaisse le Seigneur ». Saint-Jacques est une figure de second plan, par rapport au Christ-Sauveur auquel est dédiée la basilique d'Oviedo. C'est donc un premier terme du pèlerinage que l'on atteint avec cette cité. À partir d'elle commence un autre voyage, dont beaucoup d'ailleurs se contentent : le *Camino Primitivo*. Dans les Asturies que leurs montagnes protégeaient des invasions arabes, le roi Alfonse II, au VIII siècle, apprenant la découverte des reliques du saint à Compostelle, décida d'aller voir par lui-même ce miracle. Il partit d'Oviedo et traça le chemin du premier pèlerinage. Arriver à Oviedo, c'est en quelque sorte parvenir au terme d'un voyage et s'apprêter à en entamer un nouveau. En ce qui me concerne, Oviedo marqua le sommet de mon (bref) pèlerinage chrétien. Il reste que le Chemin jusqu'à cette ville fut intense et beau, bien différent des premières étapes profanes et de celles qui allaient suivre.

Tout se conjuguait d'ailleurs, pour rendre cette portion du Chemin admirable. D'abord, je quittais la Cantabrie et sa côte, je m'éloignais de la mer qui avait constitué jusque-là un repère et un guide. Lâcher cette rampe côtière, c'était ressentir la fierté de l'enfant qui fait ses premiers pas sans le secours d'une main adulte. L'inconnu des terres, fût-il réduit par le balisage jacquaire, était plus excitant que la longue litanie des plages et des criques.

Ensuite, je tombai sous le charme des Asturies. Le Chemin y est tracé avec autant de soins qu'il l'était au Pays basque, conduisant le marcheur hors des routes, rouvrant pour lui d'antiques *calzadas*. Quelque chose d'âpre, de primitif et en même temps d'une grande noblesse m'a tout de suite frappé dans les Asturies.

Le symbole en est ce petit édifice omniprésent qu'on appelle *horreo*. Venu du fond des âges (on le dit né au Néolithique), l'*horreo* est un grenier sur pilotis. Les piliers qui le soutiennent sont surmontés de larges pierres plates, taillées en forme de disque, qui empêchent les rongeurs de pénétrer dans la partie supérieure. Originellement, les *horreos* sont couverts de chaume et entourés d'une galerie en bois où sèchent des herbes, des épis, des fleurs.

Ces pauvres *horreos* ont souvent été défigurés par des escaliers de béton, des toits de tuile ou de tôle, des fenêtres. Nombre d'entre eux ont été transformés en garages, en poulaillers, en hangars agricoles. Pourtant, ils sont là, reconnaissables sous leurs déguisements. Et certains, parfaitement conservés, dressés sur leurs pattes de pierre, témoignent fièrement d'un passé qui se compte en millénaires. Cette simplicité rustique contraste heureusement avec la prétention sophistiquée et qu'on espère éphémère des lotissements qui défigurent la côte.

Dans l'écrin montagneux de cette merveilleuse région, les souvenirs jacquaires et les lieux de culte prennent eux aussi une force particulière. Car les Asturies sont la région des sanctuaires préromans.

Certaines de ces églises sont bien restaurées, comme celle qui jouxte le monastère de Valdedio. D'autres sont à peine entretenues. J'en ai découvert une dans un village, qui paraissait désaffectée. Mais, me voyant rôder autour du bâtiment, une vieille femme m'a fait signe. Elle a posé de travers une perruque sur sa tête, a fait taire un chien qui, comme souvent, présentait avec elle une ressemblance troublante et, s'étant saisie d'une grosse clé, me fit visiter l'église. J'étais habité par la grâce dans cette partie du Chemin, et cette exploration me toucha profondément. La caractéristique de ces édifices préromans est que, faute d'être encore dotés de plafonds en voûtes croisées, ils sont construits en murs pleins dans lesquels les rares ouvertures ont la taille d'étroites meurtrières. L'obscurité à l'intérieur est totale. Quoique ces bâtiments soient hors de terre, ils donnent à ceux qui y pénètrent l'impression de visiter des catacombes. Les murs ne sont pas sculptés mais peints de fresques qui imitent les colonnes et les fenêtres dont les murs ne disposent pas. Dans le faisceau de la mauvaise lampe que brandissait mon accompagnatrice apparaissaient des visages barbus, des pans de robe, des ailes d'aigle ou des cornes de taureau. J'avais beau savoir que leur inspiration était celle de l'Évangile, ces figures, tracées à l'ocre sur une paroi rugueuse qui semblait plus appartenir à une grotte qu'à une église, donnaient l'impression d'avoir franchi bien plus qu'un millénaire. Elles semblaient plutôt contemporaines de ces lointaines époques préhistoriques auxquelles appartenaient les *horreos*. Ainsi, dans les Asturies, le christianisme laissait apercevoir des racines d'une profondeur insoupçonnée qui le mettaient en rapport avec les formes les plus primitives de la spiritualité. Cela ne faisait qu'ajouter à la fascination que je ressentais pour cette religion.

Un escalier avait été ajouté au bâtiment, sans doute au XVIIe siècle, et menait au clocher. Je demandai à ma guide de quand datait cette regrettable transformation ; elle me répondit qu'elle était sûrement très ancienne. Et pour preuve de son assertion, elle ajouta : « Il était déjà là quand je suis née ». Puis elle me donna son âge. C'était le mien. Je me sentis tout à coup un peu accablé.

Avec sa moumoute mal ajustée, ses mouvements choréiques et sa démarche branlante, la pauvre femme était bien mal en point. Elle ajoutait au délabrement du lieu et cette visite constituait grâce à elle une cruelle préparation au trépas. La figure triomphante du Christ ressuscité n'en était que plus convaincante. Je ressentis une puissante envie de me jeter au pied de la croix et d'implorer que Dieu me fasse la grâce de m'accorder la santé en ce monde et la vie éternelle dans l'autre. J'étais ainsi placé dans la condition même des hommes du Moyen Âge et tout particulièrement des pèlerins, recrus de souffrances, éprouvés par le Chemin et qui ne reprenaient espoir que dans la tiédeur obscure de ces sanctuaires.

Ma cicérone ne me fit grâce d'aucun recoin de son monument. Elle trouvait parfois le secours d'une lampe nue qui pendait à un fil. Elle l'allumait en actionnant un gros interrupteur en bakélite. Il rendait un son à la fois creux et grinçant qui me rappelait mon enfance.

Le seul geste que la pauvre femme exécutait avec une remarquable agilité était le petit mouvement de la main, à la sortie du bâtiment, qui, paume ouverte, se tendait vers le visiteur pour recevoir quelques pièces et, tout aussitôt, les faire disparaître dans les replis obscurs et probablement préromans de son tablier brodé. Je lui demandai avant de la quitter si l'église était toujours consacrée. Elle me dit qu'un curé y célébrait la messe tous les dimanches. Et, avec un reste de fierté qui avait dû illuminer toute sa vie, elle me dit que ce curé était son frère.

Bacchus et Saint-Paul

E N PEU de kilomètres, les Asturies offrent un contraste frappant entre ce christianisme rustique, primitif et pauvre, et la pompe des riches monastères. À Valdedio, des moines tout droit sortis d'un tableau de Zurbarán chantaient les vêpres dans l'écrin d'or d'un merveilleux autel baroque. Comparé à la piété rude de l'église de campagne, avec son vieux curé et sa sœur infirme, ce tableau semblait renvoyer à une autre religion. Mais c'est justement toute la force du christianisme que de tenir ce grand écart entre des formes si opposées de spiritualité. Entre les moines en leur château sacré que l'on nomme une abbaye et la plèbe des curaillons de campagne dans leurs églises sommaires qui tenaient plutôt du hangar à foin que de la cathédrale, les mêmes symboles et les mêmes rituels tendent un pont solide. Pendant des siècles, le christianisme a donné à l'Europe sa puissance et sa grandeur mais souvent au prix d'un grand immobilisme social, censé respecter l'ordre instauré par Dieu. Chacun avait sa place assignée dans cette société. En remettant tout changement aux lendemains de la mort, en promettant aux derniers de devenir les premiers, en invitant à supporter les injustices dans l'attente d'un seul et dernier jugement qui serait celui de Dieu, l'ordre chrétien a tendu sur l'Europe et particulièrement dans l'Espagne très catholique de la Reconquista, un filet à mailles fines dans lequel chacun, où qu'il fût, se trouvait pris comme un poisson dans une nasse. Désormais, le filet est déchiré. La raison, le progrès, la liberté en sont sortis et ont produit leur œuvre : notre monde désenchanté, matérialiste dans lequel chacun, prétendument égal aux autres, a tout loisir d'exploiter ses semblables.

Le pèlerinage donne la possibilité unique non seulement de retrouver les vestiges du monde disparu de la chrétienté triomphante mais de faire l'expérience de ce qu'il était. De sanctuaire en *ermita*, de monastère en chapelle, le marcheur peut avoir l'illusion que rien n'a changé.

En même temps, il comprend presque physiquement que ce manteau de lieux consacrés, ce tissu chrétien dont l'Europe fut si longtemps enveloppée n'avait fait que recouvrir des peuples et des lieux qui n'avaient, en vérité, rien perdu de leur barbarie. La plupart des édifices religieux consacrés à la gloire du Christ sont construits sur des sanctuaires bien plus anciens, dont certains remontent jusqu'à la Préhistoire. Les fouilles archéologiques authentifient la présence souterraine de ces anciens lieux de culte, romains, celtes, néolithiques là où se dressent aujourd'hui une église ou un calvaire.

Mais le marcheur n'a pas besoin qu'on le lui dise pour s'en apercevoir. Lui qui vient à pied, il sent de loin les présences telluriques, les effluves magiques, les ondes spirituelles qui émanent d'une source cachée au fond d'un vallon ou d'un piton rocheux qui émerge du couvert d'une forêt. Il est touché, à mesure qu'il descend dans une gorge ou, au contraire, qu'il s'élève vers un promontoire, par des terreurs sacrées qui étaient certainement décuplées aux époques où les hommes allaient nus, menacés par les bêtes sauvages, la foudre, les pestes. Et, dans ces lieux qui semblent être le séjour naturel des génies de la terre ou du ciel, il ne s'étonne pas de rencontrer des édifices chrétiens, dernier maillon de la longue chaîne des sanctuaires qui, au cœur du danger, venaient implorer la clémence des éléments.

C'est à travers de telles expériences que j'ai compris le rôle prodigieusement libérateur qu'avait joué d'abord le christianisme, avant d'être parfois lui-même transformé en instrument d'oppression. Car, à la différence des religions primitives qui traduisaient seulement la crainte de l'homme pour les dieux et leur payaient un tribut pour s'assurer de leur bienveillance, le christianisme entra en scène comme un instrument puissant donné aux humains pour vaincre la mort. Le Christ, dans la lumière de sa résurrection, est un glaive brandi au-dessus des croyants pour les défendre contre la nature. Il donne la force au chrétien de repousser vers le néant les génies menaçants, de mépriser les maléfices, de braver les dangers des lieux les plus reculés.

En purgeant la nature des dieux de toute sorte qui peuplaient les nuages et les montagnes, les forêts et les sources, la religion chrétienne a en quelque sorte pris sur elle la défense de l'humanité et elle lui a offert le monde entier. L'humanité n'a ensuite plus connu de limite à son expansion, pourvu qu'à chaque lieu nouvellement exploré on n'oubliât pas d'adjoindre un abri consacré où le Christ pût monter la garde.

Mais le marcheur peut constater aussi à quel point ce filet chrétien a pris dans sa nasse des populations qui sont restées profondément païennes. J'en ai fait l'expérience en sortant du monastère de Valdedio.

Le chemin quitte le sanctuaire en serpentant dans la montagne. La vue s'étend sur l'ensemble du site et l'abbaye, d'en haut, apparaît comme un lieu de paix et d'harmonie au creux de son vallon verdoyant. Parvenu sur la crête, on retrouve une route nationale empruntée par des camions. Alors que je venais à peine de perdre de vue le sanctuaire de Valdedio, j'entrai dans un restaurant de routiers et d'agriculteurs pour y déjeuner.

La grande salle était incroyablement bruyante. Des conversations braillées par des voix rocailleuses s'animaient à toutes les tables. Les faces rougeaudes étaient illuminées par le vin qui, apparemment, coulait à flots. Un menu du jour offrait pour quelques euros une débauche de calories sous la forme alléchante de cochonnailles, de légumes inondés de mayonnaise, de viandes grillées arrosées de jus gras. Nul ne fit attention au pèlerin qui s'installait à une place vide, près de la porte.

Les regards brillaient, les bouches pleines s'ouvraient grand pour engouler de nouvelles nourritures et laisser éclater des rires aussi épais que les sauces.

Deux serveuses assez jeunes, potelées et court vêtues, tentaient de circuler entre les convives. Elles tenaient les plats très haut au-dessus de leur tête pour éviter qu'un geste d'ivrogne ne les renverse. Ce faisant, elles laissaient leur postérieur sans protection. Les mains des hommes s'y promenaient allègrement. Les unes, toutes rugueuses et noircies de cambouis qu'elles fussent, suivaient avec douceur le contour charnu des croupes ancillaires. D'autres, plus volontaires ou moins contrôlées sous l'effet de l'alcool, pressaient, pinçaient et même allaient jusqu'à faire retentir sur ces rondeurs des claques si sonores que leur bruit parvenait à dominer le brouhaha. Les serveuses poussaient des cris, redoublant l'allégresse générale. L'une d'elles, à un moment, prit à parti un des mangeurs qui avait dû enfreindre les règles tacites du jeu et laisser se promener ses doigts au-delà du périmètre autorisé. La fille hurlait et l'homme, hilare, l'empêchait de sortir du coin de la salle où elle était allée déposer un plat. Pendant cette altercation, les autres, derrière la pauvre fille, lançaient de lâches attaques sur ses fesses, qui lui faisaient faire volte-face.

Ce tableau était à la fois brutal, sauvage, incroyablement primitif et, en même temps, il s'en dégageait une sorte de joie animale, bachique, païenne. On était à mille lieues du silence monacal et des voix célestes qui, non loin de là, chantaient les psaumes sous des rinceaux recouverts d'or fin. Cette proximité laissait entrevoir quelle lutte désespérée avait dû opposer pendant des siècles l'ordre chrétien, avec ses pompes et sa morale, au fond païen du peuple. Le règne, la puissance et la gloire de l'Église s'étaient imposés mais sans changer la nature profonde de l'homme. Il s'était même créé une sorte de symbiose entre la paix du Christ, que symbolisait à l'extrême le retrait des moines hors du siècle, et l'abandon du peuple aux passions simples et brutales. Aux profanes étaient autorisés les plaisirs de la chair, de la nourriture et du vin, à charge pour eux d'assurer en échange les rudes fonctions du labeur et de la reproduction. Ainsi les moines de l'abbaye comme les serveuses de la gargote avaient formé au cours des siècles un couple solide quoique paradoxal qui survivait, intact, dans ce coin de l'Espagne rurale.

Un seul élément était étranger à ce couple : c'était moi. Quand je m'adressai aux serveuses avec respect, d'une voix douce et les mains tranquillement posées sur la table, loin de m'être reconnaissantes de ma civilité, elles me regardèrent avec mépris et retournèrent en riant se faire pincer les cuisses.

Je m'en étonnai d'abord mais, en réfléchissant, je parvins à la conclusion que cette réaction était bien naturelle. Des individus dans mon genre, également éloignés de la ferveur monastique et des appétits brutaux, sont des créatures nées de l'effondrement de l'ordre chrétien. Pire, ils en sont en même temps la cause. En luttant contre la suprématie religieuse, ces consciences libres ont fait émerger un nouvel homme plein d'orgueil qui prétend s'affranchir de la foi, de ses mystères et de ses règles, d'une part, et, de l'autre, des instincts primitifs, des appétits brutaux et du règne de la force.

Cet homme moderne a proliféré à tel point qu'il a substitué à l'empire de l'Église celui de ses propres instruments : la science, les médias, la finance. Il a fait disparaître l'ordre ancien. Et, dans le nouveau, les paysans n'ont pas plus leur place que les moines. Les serveuses sont orphelines de leur monde à cause d'individus dans mon genre. Je me sentais sinon mériter, du moins comprendre, le mépris qu'elles me témoignaient…

Une belle tranche de chrétienté

P ENDANT toute cette phase du chemin, j'ai multi-
plié les expériences spirituelles, visitant chaque
ermita placée sur ma route, prenant part aux
offices du soir dans les chapelles, les églises. J'ai pu mesurer dans quel état particulier se trouve aujourd'hui le
petit monde de la chrétienté, en particulier en Espagne.

Si les messes dominicales regroupent encore beaucoup de monde, les offices du soir n'attirent que des
personnes très âgées. Le service du prêtre semble fait
pour elles seules et j'ai vu quelques officiants bâcler
l'affaire, visiblement agacés de gâcher leur talent devant
un si maigre public.

Dans certains endroits, la ferveur reste impression-
nante malgré (ou à cause) du vide des bâtiments. Je me
souviens d'un soir au Pays basque où, dans une église
humide qu'ornaient de simples croix de fer forgé, une
femme assez jeune enchaînait les ave maria en rou-
lant les « r », déclenchant les réponses rocailleuses de
l'assistance, semblables à des avalanches de pierres. À
mesure que se répétaient les simples et brèves paroles

de la prière, on sentait une tension monter dans l'église. Malgré le nombre relativement restreint de fidèles qui y étaient rassemblés, le lieu semblait empli d'énergie spirituelle. Quand, enfin, le prêtre fit son apparition dans le chœur, sa présence provoqua une véritable catharsis et peut-être çà et là quelques émois plus intimes.

Le pèlerin, en passant d'un lieu de culte à un autre, effectue une véritable coupe géologique à travers les différentes strates chrétiennes du pays.

Dans les fastueuses cathédrales, il rencontre l'élite du clergé, les prêtres les plus saints ou les plus habiles, ceux qui ont su tirer leur barque au sec et se sont fait attribuer, à défaut encore de la pourpre, de riches prébendes, des diocèses confortables, les plus belles cures. À l'autre extrémité, dans les campagnes reculées, survit à peine un clergé tout proche des usages païens qu'il est censé combattre. C'est là, dans ce lumpen-clergé, que l'on trouve les effets de la pauvreté, de la promiscuité, de la tentation qui sont autant de stigmates du Christ. Prêtres incompétents, alcooliques parfois, fornicateurs peut-être, quand ils se recrutent parmi ces pauvres pasteurs de campagne semblent pouvoir être, sinon absous, du moins jugés avec clémence. Ils ne cultivent pas leurs vices comme des privilèges de nantis mais plutôt comme les rares consolations qui leur soient offertes pendant une vie de misère. Mais ce sont des personnages de Graham Greene plus que de Barbey d'Aurevilly.

On voit aussi parfois se glisser dans les rangs clairsemés de ce clergé de base des individus plus modernes dont le parcours reste un mystère. C'est un de ces spécimens inclassables que j'ai rencontrés un dimanche, en Cantabrie. Le soir précédent, je m'étais installé dans les bâtiments pour pèlerins d'un immense monastère bleu. J'y suis longtemps resté seul avant d'être rejoint par deux Coréennes. En me voyant, elles allèrent se réfugier tout au fond du dortoir. C'est à cette occasion que je pris conscience du négligé de mon apparence : après ces jours et ces nuits de marche et de bivouacs, je devais avoir une allure bien suspecte, pour ne pas dire menaçante, en tout cas pour des Asiatiques, dont le premier soin dès leur arrivée avait été de se récurer entièrement, et jusqu'aux semelles de leurs chaussures.

Le lendemain dimanche, une messe était célébrée dans la chapelle du monastère. J'étais tenté d'y assister car les moines qui m'avaient reçu étaient impressionnants de ferveur et d'humanité. Hélas ! J'eus le tort de m'arrêter à des considérations pratiques. La messe du monastère commençait tard et je lui préférai celle, plus matinale, de l'église du diocèse, située un peu au-dessus.

C'était un édifice gigantesque dont les stucs commençaient à tomber. Il était à craindre que, un jour prochain, un fidèle venu pour rejoindre le ciel ne voie celui de l'église lui tomber d'abord sur la tête.

Une dizaine de commères faisaient station sous le porche, tandis que je m'installai dans une travée, tentant de m'imprégner du peu de spiritualité qui flottait dans ce lieu. Les femmes vociféraient, s'interpellaient en riant.

L'heure tournait. Soudain, au milieu des bavardages aigus retentit une voix grave, une belle voix de baryton. Elle était à l'évidence la propriété d'un mâle fier de son organe et qui en faisait jouer toutes les harmoniques. Je me retournai et vis un barbu d'une quarantaine d'années un peu fort, très élégamment vêtu, se pavaner au milieu des paroissiennes. Il semblait qu'elles ne se fussent endimanchées que pour lui plaire. Un enfant d'une dizaine d'années, un peu gros, le cheveu noir et aux traits bovins, était poussé en avant par les commères. De là où j'étais, j'entendis vaguement parler de première communion. Le prêtre parut enchanté de compter ce nouveau fidèle et se mit à lui tapoter la joue, à lui pétrir le cuir chevelu, puis les épaules. L'enfant gardait un visage morne et se laissait faire.

Je calculais le retard que risquait de prendre la messe ; je n'avais décidément pas gagné grand-chose à venir jusque-là. Le monastère n'allait pas tarder à démarrer son office et, si j'étais resté là-bas pour la messe, j'aurais perdu moins de temps. Le prêtre était encore en tenue de ville ; il allait falloir attendre qu'il se change. Tout en continuant les vingt dialogues enflammés qu'il menait avec les femmes, il s'avança dans la nef, tenant fermement devant lui le garçonnet. Finalement, protégé par cet otage, il disparut dans la sacristie.

À ma grande surprise, il en ressortit presque aussitôt, un surplis jeté de travers sur son costume. S'avançant vers le micro, il s'adressa sans tarder à l'assistance. Seul le signe de croix, exécuté à la hâte avant d'ouvrir la bouche, distinguait cette harangue de la prise de parole d'un homme politique pendant un meeting.

Point d'homélie, aucun élément d'une liturgie reconnaissable, nulle référence évangélique ; ce que le prêtre nous administra pendant d'interminables minutes n'était qu'une dissertation sans plan ni objectif sur l'actualité, la crise financière, la guerre en Libye, le gouvernement Zapatero, la concurrence économique chinoise, le trafic d'animaux sauvages, l'avenir de la voiture hybride, la solidité de l'euro, la prévision des tsunamis, la raison d'être des parcs naturels, etc.

Le flot de ses paroles ne tarissait pas. Par toute son expression, le prêtre avouait le plaisir extrême qu'il avait à se produire ainsi en public. Entre deux effets de manches ou de menton, il se saisissait de l'enfant de chœur comme pour le prendre à témoin. Tantôt, quand il évoquait des phénomènes violents, il lui donnait des bourrades dans le dos, lui pétrissait les oreilles, mais, tantôt, il s'apaisait et caressait avec attendrissement la toison frisée qui couvrait le chef de l'enfant. Celui-ci restait impassible sous les caresses comme sous les claques. Nul ne semblait s'offusquer de ces gestes pourtant équivoques. Le village avait visiblement abandonné cette proie docile au curé, un peu comme on jette une souris vivante à un python.

Je lançais de temps en temps des coups d'œil inquiets à ma montre. Une demi-heure avait passé sans que l'officiant se décidât à aborder une des composantes classiques de la messe.

Les paroissiennes, bien calées sur leur chaise, écoutaient en secouant par moments une tête par-dessus laquelle passaient pourtant la plupart des propos que l'artilleur verbal leur lançait. Elles avaient à l'évidence pris leur parti d'un état de fait qui leur avait peut-être au départ semblé particulier : la messe de ce prêtre extraverti ne ressemblait pas à une messe. Mais elle était assez proche des talk-shows qui occupaient les écrans de leurs télévisions et elles n'étaient pas dépaysées.

Je suppose que, à la fin de son interminable péroraison, le prêtre devait tout de même bâcler vaguement une communion, mais j'avoue ne pas avoir eu la patience d'attendre jusque-là. Au moment où, après avoir réglé son compte à l'autoritarisme de Poutine, il attaquait la question délicate des transferts de joueurs dans le football européen, je me suis levé et j'ai gagné la sortie. J'ai senti que le prêtre s'interrompait un instant. Tenant fermement contre lui l'enfant par les deux épaules, il prit à témoin l'assistance, par ce bref silence, d'une victoire manifeste sur les adversaires auxquels il n'hésitait pas à s'attaquer. Le regard des commères, avec un petit sourire, m'accompagna jusqu'à la porte et j'endossai non sans malaise le rôle du démon dont la fermeté du prêtre venait courageusement de purger le sanctuaire.

Je me retrouvai dehors, pèlerin comme devant, mais un peu sonné. Il pleuvait finement. Cet épisode fut un de ceux qui marquèrent la fin de ma période religieuse. Homme de peu de foi sans doute, en tout cas jugeant inutile d'entendre à l'église ce que je pouvais lire dans les journaux, je commençais à ressentir les effets secondaires de l'overdose de christianisme que je m'étais imposée. J'avais de moins en moins d'appétit pour les offices du soir, si ressemblants à des extrêmes-onctions. Je ne me précipitai plus dans les chapelles ni dans les monastères. Et je répugnai à allonger ma route pour passer devant la énième *ermita*, dans laquelle brûlait le même cierge et se fanait le même bouquet.

Délivré de cette ultime dernière enveloppe protectrice, le pèlerin que j'étais à l'orée de cette troisième semaine était enfin nu, prêt à accueillir la vérité du Chemin. J'avais repoussé les rêves puis les pensées, enfin la foi. Que me restait-il après ces mues successives ? J'allais bientôt le découvrir tandis que la pente se faisait plus raide et l'air plus vif.

Sur les traces d'Alfonse II
et de Bouddha

À Oviedo, tout est noble : les églises, la cathédrale, les rues, les porches, les façades. Au sol, évidemment, il fallait aussi que le chemin fût marqué par les signes jacquaires les plus luxueux : des coquilles de bronze enchâssées dans le granit des pavés. Ces coquilles mènent à la plus remarquable plaque horizontale qui se puisse rencontrer : elle est située non loin de la cathédrale. C'est un rectangle de métal brillant qui matérialise une grande bifurcation compostelane. Tout droit, en empruntant une petite rue qui descend en serpentant, on se dirige vers Gijón : c'est la continuation du Chemin côtier. Si l'on choisit de se mettre à la poursuite de l'autre flèche, on s'engage par de larges avenues sur le *Camino Primitivo* et l'on pique vers les montagnes.

J'avais repéré ce carrefour la veille, en visitant la ville. Quand je m'élançai le lendemain à l'aube, rues et places étaient désertes. Nul touriste inconscient ne souillait de ses baskets impies l'émouvante plaque de bronze. Je me plaçai à la verticale de cette séparation historique et effectuai avec lenteur et en pleine conscience le premier pas qui allait me précipiter sur les traces d'Alfonse II, au IXe siècle de notre ère. « Un petit pas pour l'homme, un grand pas pour l'humanité. »

La découverte des reliques de Saint-Jacques à Compostelle est évidemment très sujette à caution. La présence du saint Apôtre dans ces extrémités ibériques est littéralement incompréhensible. En d'autres termes, il n'a rien à faire là. Il a fallu inventer une histoire assez rocambolesque de barque à bord de laquelle sa dépouille aurait été placée et qui aurait dérivé vers l'Espagne pour rendre compte du fait que les ossements d'un homme mort à Jérusalem puissent avoir été découverts huit siècles plus tard à trois mille kilomètres de là. Passons. *Credo quia absurdum*. Ce n'est pas désagréable après tout de s'entendre raconter des histoires. Y croire, quand tout vous porterait à douter, relève de la souveraineté de chacun : s'il me plaît d'y voir la vérité…

Mais ce qui reste une construction historique assez fragile et sujette à caution se révéla un coup politique magistral. Ouvrir un pèlerinage vers l'ouest, c'était rééquilibrer une chrétienté que tout portait jusque-là à se déplacer vers deux sanctuaires orientaux : Rome et Jérusalem. La foule mobile des croyants[1] lancée sur

---

1. Cette notion de « foules de pauvres pèlerins » est contestée par certains historiens médiévistes. Ils affirment que les pèlerins de l'époque étaient en majorité des nobles et des marchands et que l'examen des documents ne trouve pas trace de migrations massives comme on se plaît à l'imaginer aujourd'hui. Voir l'article : Louis Mollaret et Denise Péricard-

les routes de l'expiation par le châtiment ou par le vœu allait, à la suite du roi Alfonse, se déverser d'est en ouest vers le Finistère européen, cette Galice qui assiste au naufrage du soleil dans les eaux atlantiques. Et cette pression pérégrine ne s'exercerait pas n'importe où : elle allait prendre appui sur des terres occupées par l'islam. Depuis les Asturies, royaume demeuré chrétien grâce au secours de son relief, la Reconquista était en marche, par ce premier acte habile et relativement inoffensif. Aller vénérer des reliques, ce n'est pas encore aligner des armées. L'avant-garde des pèlerins est une première avancée qui semble toujours appartenir à la sphère privée. Derrière, plus tard, viendraient les gros bataillons de Castille. Dire que la prise de Grenade est en germe dans le pèlerinage de Compostelle serait peut-être aller trop vite. Reste qu'avec le roi Alfonse se met en marche une histoire qui ira bien plus loin. D'ailleurs, Saint-Jacques lui-même, selon les lieux et les périodes, sera représenté tantôt en pauvre pèlerin, faible et désarmé, tantôt sous les traits d'un redoutable

---

Méa, « Le triomphe de Compostelle », *SaintJacquesInfo* [En ligne], Histoire du pèlerinage à Compostelle.

Leur thèse (contestée cependant par beaucoup d'autres chercheurs) est que le pèlerinage a toujours été un enjeu politique pour l'Église. Il est vrai que sa création correspond à la période de l'occupation de l'Espagne par les Arabes. La redécouverte des reliques au XIXe siècle et la relance du pèlerinage par Léon XIII répondent à la poussée laïque de l'époque. L'élan donné de nouveau en 1937 au pèlerinage a été justifié comme un soutien de « la France catholique à l'Espagne catholique » à l'époque de la guerre civile, etc.

·

cavalier pourfendant le Sarrazin, auquel est d'ailleurs donné le surnom de Matamoros.

Dans l'état d'hébétude où j'étais en avançant dans les rues, cette épopée me fournit une matière à rêver. Le départ du *Primitivo* me projetait dans l'escorte du roi Alfonse. Je tentais de voir par ses yeux et imaginais les reliefs que je traversais à l'époque où ils n'étaient encombrés ni de trottoirs ni de chaussées, ni d'immeubles ni de magasins. Les personnages de bronze grandeur nature que les Espagnols aiment répandre dans leurs villes comme autant d'étranges silhouettes immobiles me semblaient avoir été les témoins pétrifiés, dans leur immobilité de statue, de la sortie triomphale d'Alfonse de sa capitale. Assez longtemps, deux ou trois heures peut-être, je conservai assez d'aptitude au rêve pour imaginer les oriflammes claquant au vent frais des combes, les villageois assemblés pour acclamer le roi, la procession des courtisans empressés de chevaucher au plus près du monarque. Ces derniers, je les voyais bien : la vie m'a donné le privilège d'observer de près ces grands animaux, félins mineurs ou fauves carnassiers, reproduits à l'identique depuis le fond des âges et pour les siècles des siècles, dressés à flatter les puissants autant qu'à mépriser les faibles et que l'existence, quoi qu'on en dise, récompense contre toute morale : je veux parler du peuple éternel et redoutable des lèche-bottes.

Mais, bientôt, ce dernier effort pour donner à mes pensées une direction et une forme finit de m'épuiser. Je perdis le fil du Chemin, cessai de distinguer sa direction et son relief et confiai ma survie de marcheur au repérage automatique et bientôt inconscient des coquilles le long des murs.

Une étrange douceur s'était emparée de moi. Je n'avais plus mal nulle part, entraîné que j'étais par les centaines de kilomètres parcourus. Mes désirs avaient maigri plus vite que moi : ils se réduisaient à quelques ambitions, certaines faciles à satisfaire, manger, boire, une autre assez inaccessible mais j'en avais pris mon parti : dormir. Je commençai à percevoir en moi la présence d'un délicieux compagnon : le vide. Mon esprit ne formait plus d'image, aucune pensée, encore moins de projet. Mes connaissances, si j'en avais eu, avaient disparu dans les profondeurs et je n'éprouvai aucun besoin d'y faire appel. En découvrant un paysage, il ne me venait pas à l'esprit qu'il pût ressembler à la Corse ni à nul autre lieu que j'aurais connu. Je voyais tout avec une fraîcheur éblouissante et j'accueillais la complexité du monde dans un cerveau redevenu aussi simple que celui d'un reptile ou d'un étourneau. J'étais un être nouveau, allégé de sa mémoire, de ses désirs et de ses ambitions. Un *Homo erectus* mais d'une variété particulière : celle qui marche. Minuscule dans l'immensité du Chemin, je n'étais ni moi-même ni un autre, mais seulement une machine à avancer, la plus simple qui se pût concevoir et dont la fin ultime autant que l'existence éphémère consistaient à mettre un pied devant l'autre.

Alors, devant mes yeux dessillés, les Asturies déployèrent tous leurs charmes. Ce fut, pendant ces jours merveilleux, une pavane interminable de vallées sauvages et de crêtes somptueuses, de villages inviolés et de chemins tracés comme des caresses divines au flanc des montagnes.

Ce furent des heures vertes comme les pâturages d'altitude et des nuits bleues comme le ciel d'acier qui recouvrait ces paysages. La pureté des sources qui désaltèrent au moment où l'on a soif, le moelleux blond des pains de village, la douceur troublante du vent qui glisse ses doigts dans la chevelure raidie de poussière du marcheur, tout est entré en moi avec force, sans la médiation d'une pensée, sans l'ombre d'un sentiment, d'une impatience ou d'un regret.

J'ai traversé des forêts et franchi des cols, enjambé les eaux noires d'un barrage et rencontré des *horreos* énormes, dressés sur des collines comme de fabuleux quadrupèdes ; j'ai cheminé à l'ombre grinçante de gigantesques éoliennes et dormi au sommet de promontoires rocheux que bordaient d'immenses précipices plantés de résineux et de chênes verts.

Et là, dans ces splendeurs, le Chemin m'a confié son secret. Il m'a glissé sa vérité qui est tout aussitôt devenue la mienne. Compostelle n'est pas un pèlerinage chrétien mais bien plus, ou bien moins selon la manière dont on accueille cette révélation. Il n'appartient en propre à aucun culte et, à vrai dire, on peut y mettre tout ce que l'on souhaite. S'il devait être proche d'une religion, ce serait à la moins religieuse d'entre elles, celle qui ne dit rien de Dieu mais permet à l'être humain d'en approcher l'existence : Compostelle est un pèlerinage bouddhiste. Il délivre des tourments de la pensée et du désir, il ôte toute vanité de l'esprit et toute souffrance du corps, il efface la rigide enveloppe qui entoure les choses et les sépare de notre conscience ; il met le moi en résonance avec la nature[2]. Comme toute initiation, elle pénètre dans l'esprit par le corps et il est difficile de la faire partager à ceux qui n'ont pas fait cette expérience. Certains, revenant du même voyage, n'en auront pas rapporté la même conclusion. Mon propos n'a pas pour but de convaincre mais seulement de décrire ce que fut pour moi ce voyage. Pour le dire d'une formule qui n'est plaisante qu'en apparence : en partant pour Saint-Jacques, je ne cherchais rien et je l'ai trouvé.

---

2. La renaissance actuelle du pèlerinage et son immense succès populaire ne sont pas étrangers à ce malentendu. Conçue par des chrétiens, dans les années 1960, la mythologie moderne du Chemin, avec ses innombrables routes, ses références aux « foules » de pèlerins du Moyen Âge, son idéal de pauvreté a trouvé un écho bien au-delà du monde catholique. Le pèlerinage est en accord avec une spiritualité contemporaine plus syncrétique, plus flottante et beaucoup moins encadrée par l'Église. Nombre de ceux qui s'élancent sur les chemins de Compostelle sont attirés par des valeurs de dépouillement, d'union avec la nature et d'épanouissement de soi qui faisaient sans doute complètement défaut aux premiers temps du pèlerinage. Leur démarche est moins chrétienne que postmoderne. On peut formuler l'hypothèse que si Compostelle était proposé par une autre religion (à l'image des pèlerinages asiatiques ou orientaux), ils s'y joindraient tout autant… Ceci démontre, s'il en était besoin, qu'il n'est pas nécessaire d'aller chercher dans les religions orientales une spiritualité qui ferait défaut dans le monde chrétien. Le dalaï-lama ne manque pas une occasion de rappeler aux Occidentaux qui veulent rejoindre le bouddhisme tibétain qu'ils peuvent puiser aussi et d'abord aux sources chrétiennes.

Rencontres

C ET ÉTAT nouveau n'est pas synonyme de solitude, bien au contraire. Le pèlerin de Compostelle parvenu à ce stade de son évolution se dispose à accueillir ses semblables avec la même facilité et le même naturel qu'il communie avec la nature. Il le fait, comme tout le reste, sans désir ni projet, sans illusion ni arrière-pensée. C'est dans cet état que j'ai fait mes plus belles rencontres.

Je dois dire que, en ce qui me concerne, cet état nouveau a pris une forme plus philosophique que religieuse. J'ai soudain eu l'intuition que le Fataliste de Diderot ne s'appelait pas Jacques par hasard. Je me sentais bien dans l'humeur, simpliste et innocente, du jeune cavalier qui s'étonne du monde et rumine les sentences de son capitaine. Je me récitais en souriant le délicieux incipit du roman :

« Comment s'étaient-ils rencontrés ? Par hasard, comme tout le monde. Comment s'appelaient-ils ? Que vous importe ? D'où venaient-ils ? Du lieu le plus prochain. Où allaient-ils ? Est-ce que l'on sait où l'on va ? Que disaient-ils ? Le maître ne disait rien ; et Jacques disait que son capitaine disait que tout ce qui nous arrive de bien et de mal ici-bas était écrit là-haut. »

C'est dans cet état d'esprit que j'avançais désormais et c'est grâce aux bonnes dispositions qu'il produisait en moi que je pus me rendre disponible et ouvert aux autres.

Un lieu a symbolisé pour moi cette nouvelle étape du Chemin : le monastère de Cornellana. J'y suis parvenu au terme d'une longue étape qui m'avait mené d'abord à Grado. La ville, sur une hauteur, est le siège d'une foire très animée. Elle occupait les places et les ruelles du vieux quartier quand j'y passai. Je parcourus les étals sans rien acheter, un sourire béat aux lèvres, avide d'admirer mais sans appétit. Ensuite, j'allai m'asseoir sur une petite place à une table de café. Il faisait très chaud et la place était pleine de monde, des Espagnols en famille qui discutaient avec animation.

De temps en temps, ils jetaient des coups d'œil inquiets vers le ciel. La pluie qu'ils redoutaient survint rapidement, tachant le sol pavé de ses grosses gouttes. Tous les consommateurs prirent la fuite. Je restai seul sur la place, assis, immobile, souriant, à regarder l'eau inonder ma table.

Force est de reconnaître que l'état bouddhiste du pèlerin ne le rend pas très réactif. Il passerait même pour stupide, tant la béatitude qui l'envahit a tué en lui non seulement tout esprit de révolte mais même tout esprit d'initiative. La serveuse vint en courant, une serviette dépliée sur la tête, pour encaisser mes consommations et fermer les parasols. Son passage me décida à me lever. Sans me presser, j'allai me mettre à l'abri sous le porche d'une maison.

Deux marcheurs, un garçon et une fille, enfilaient alors d'un pas régulier la ruelle haute sur laquelle était tracé un signe jacquaire : sans doute la suite du Chemin. La fille m'a regardé et m'a souri. Elle était très belle. Je lui ai rendu son sourire avec naturel, comme j'aurais souri à une biche qui aurait traversé un bois devant moi. Il y avait longtemps que je n'avais pas été zen comme ça. Vu de l'extérieur, il est plus que probable que cela passait pour de l'imbécillité.

La pluie a enfin cessé et j'ai quitté Grado. Les deux pèlerins avaient disparu depuis longtemps. Le Chemin n'était pas très beau : il longeait des nationales, traversait des carrefours modernes. Peu m'importait. De loin en loin, les flèches jaunes ou les coquilles me faisaient des signes. Je parlais leur langage. L'environnement m'apparaissait comme un immense Saint-Jacqueland où tout le monde était gentil et où chacun suivait son chemin.

Voilà que, un peu plus loin, les flèches me font traverser une rivière qu'ensuite je dois longer. Une promenade a été aménagée le long de la berge : je la suis et je croise des Espagnols qui prennent le frais. La vue d'un pèlerin les esbaudit et je réponds à leur salut avec un sourire niais. Ils doivent penser que j'ai fumé cinq ou six pétards.

Enfin, à l'extrémité de la promenade, on distingue les tours de la grande abbatiale de Cornellana. J'ai décidé d'y faire halte, à condition de trouver de la place.

Quand j'arrive enfin devant l'entrée du monastère, quel étonnement et quelle déception ! Le bâtiment est en ruine. Des touffes d'herbes poussent entre les pierres sculptées de l'église ; le fronton du grand dortoir tombe en morceaux, les fenêtres ont les carreaux cassés. Rien n'est plus triste qu'un lieu où l'on a tant prié et que Dieu a si cruellement laissé tomber. Une telle rencontre arrivait pour moi à son heure : je venais de prendre mes distances avec la foi. Cette ingratitude du Ciel n'a donc fait que me conforter dans mon éloignement des rituels. Cependant, le lieu conservait une spiritualité envoûtante qui se dégageait des murs lépreux, du silence et peut-être aussi d'un invisible dépôt laissé sur les pierres par des siècles de prières et de privations.

J'allais poursuivre mon chemin quand je remarquai un petit panneau indiquant « Auberge de pèlerins » et invitant à contourner l'édifice. En effet, sur l'arrière du bâtiment ouvrait une cour dans laquelle avaient été aménagés des dortoirs. Un hospitalier barbu à la mine infiniment triste m'accueillit, tamponna ma *credencial* d'un geste épuisé et m'invita à m'installer. Je crus un instant que l'homme était un moine, membre d'un restant de communauté survivant dans les décombres de l'ancien couvent et que sa mélancolie procédait du désastre dont il avait peut-être été le témoin. Aussi, assez bêtement, lui demandai-je, comme j'étais accoutumé de le faire, à quelle heure étaient les vêpres.

Il me regarda avec méfiance. Il avait cru d'abord que je plaisantais ; quand il comprit que j'étais sérieux, il secoua la tête et m'expliqua avec dégoût qu'il n'y avait plus de moines ici « depuis bien longtemps ». Puis il tourna les talons. Visiblement j'étais tombé chez Peppone et non chez Don Camillo.

J'entrais dans un des dortoirs qui ouvraient de plain-pied sur la cour. Il était vide et impeccablement tenu : literie neuve, armoires individuelles ornées de portes métalliques aux couleurs vives, carrelage blanc immaculé. Je reconnus là un refuge municipal, variante rare mais idéale de l'auberge de pèlerins. À condition, bien sûr, que les édiles aient décidé de bonne grâce de doter leur commune d'un tel établissement, ces refuges municipaux, délivrés des tracas financiers qui affectent les communautés religieuses et préservés de la cupidité inhumaine des tenanciers privés, sont en général bien équipés, surdimensionnés et vides.

J'en avais fait encore l'expérience peu de temps avant, en traversant la ville de Pola de Siero. J'étais tombé sur une auberge flambant neuf. Les responsables de l'association qui en assuraient la gestion croyaient d'ailleurs qu'elle était vide et ils accoururent de chez eux avec empressement pour m'ouvrir la porte en chêne du bâtiment. Le cocasse de l'affaire est que nous découvrîmes dans l'auberge un couple d'Allemands dont personne n'avait remarqué l'arrivée. L'homme portait une barbe grise qui lui tombait jusqu'au milieu du ventre et sa femme avait les cheveux tout blancs.

La première pensée des responsables de l'auberge comme de moi-même fut de nous dire que les malheureux avaient peut-être été oubliés et que nous venions en fait de découvrir des créatures médiévales, je ne sais quel Frédéric Barberousse et sa compagne, tirés d'un sommeil millénaire par notre arrivée bruyante…

À Cornellana, faisant le tour des dortoirs par curiosité, je notai que seul un lit était occupé dans chacun d'eux. Les rares pèlerins à avoir choisi cette halte prenaient à l'évidence leurs aises.

Je ressortis dans la cour. En face des dortoirs s'alignait une série de portes qui ouvraient sur des sanitaires, une buanderie, une cuisine. Une petite galerie couverte donnait de l'ombre aux heures chaudes. Une table et des chaises y étaient disposées. Je m'y assis. Quelques hirondelles voletaient dans le ciel qui s'assombrissait. Le vent du soir faisait claquer sur leurs cordes les chaussettes par lesquelles l'armée des pèlerins, même si elle restait invisible, marquait son emprise sur le lieu. À l'heure où le chant des vêpres aurait dû retentir sur les murs, seul le silence et par intermittence un roucoulement de tourterelle saluaient le retrait du soleil. Je ne sais pas depuis combien de temps j'étais assis là à rêvasser quand des voix retentirent à l'extérieur de l'enceinte. Bientôt, un petit groupe fit son entrée dans la cour. Je reconnus les deux jeunes pèlerins de Grado. Avec eux, deux hommes d'âge mûr, un grand et un petit. Ce dernier parlait très fort dans un castillan chantant et rapide. Le rire de la fille, clair et pur, semblait dessiner une ligne mélodique tandis que les hommes l'accompagnaient de leurs voix graves qui faisaient comme une basse continue.

Ils m'aperçurent, me saluèrent de loin puis entrèrent dans les dortoirs. Me parvinrent bientôt des bruits de douche, des claquements de portes, et toujours des rires. Enfin, tous nettoyés, peignés et vêtus de ce qu'ils avaient emporté de plus présentable, les quatre pèlerins vinrent me rejoindre autour de la table.

Il me serait bien difficile de raconter cette soirée en détail. Il ne s'est rien passé de remarquable. Je n'en conserve que le souvenir d'une grande fraternité et de beaucoup de gaieté. La fille, blonde et au visage fin qu'illuminaient des yeux bleus, était l'objet des attentions de tous. Elle le sentait et en était excitée. Originaire d'un minuscule pays balkanique, Marika, c'était son nom, vivait depuis des années en Espagne, dans une ville balnéaire du sud. Aucun d'entre nous n'osa lui demander ce qu'elle y faisait. La réputation de fête et même de luxure dont cette ville jouit dans le monde entier nourrit évidemment les hypothèses que nous pouvions formuler quant à la raison qu'avait une aussi jolie fille d'y élire domicile. Ces fantasmes ajoutaient un parfum de mystère et peut-être de débauche à celle qui incarnait pour nous la féminité du Chemin.

Sur le fronton du portail de la cour était sculpté un étrange bas-relief. Il représentait ce qui ressemblait à un corps de femme nu, allongé au sol, sur lequel un énorme ours était étendu. J'avais lu dans le guide qu'il s'agissait d'une légende : le nouveau-né du seigneur du lieu avait jadis été enlevé à sa nourrice par une ourse sortie des bois. Une battue fut organisée : on retrouva l'enfant nourri et protégé par l'ourse. S'il n'y avait aucune sensualité dans cette légende, la sculpture, elle, n'en manquait pas. Le nourrisson avait des proportions adultes et des formes féminines et l'ourse, pourtant femelle, des raideurs de mâle. Le monastère semblait ainsi placé sous le signe d'un mystérieux érotisme : notre groupe d'hommes solitaires sortis des bois entourait la belle Slave avec la même vigueur primitive que le plantigrade tenait contre son ventre velu un corps humain, androgyne et nu.

Son compagnon, beaucoup plus jeune qu'elle, était belge. Il apparut bien vite qu'il n'y avait rien entre eux, sinon une sympathie née du chemin parcouru ensemble. L'un et l'autre avaient dépassé, comme moi et même bien avant, la limite au-delà de laquelle désir et passion se sont émoussés. Je reconnus en eux deux Jacquet au stade bouddhiste et notre échange se situa tout de suite sur ce plan : calme, détachement, bonheur d'être ensemble.

Les deux Espagnols étaient, eux, partis d'Oviedo. Ils ne marchaient que depuis deux jours et n'en étaient pas encore quittes avec les illusions du désir. Le plus petit, dénommé Ramon, était de loin celui qui se livrait le plus ouvertement à ce que, dans le monde d'avant, celui qui précède le Chemin ou ignore son existence, on appelle la drague. Le grand, qui se prénommait José, avait surtout mal aux pieds. Placide et sans malice, il ne livrait que des commentaires rares, d'une voix rocailleuse, sur les dénivelés du Chemin ou la (mauvaise) qualité de ses chaussures. Le répertoire de Ramon était beaucoup plus étendu. Il nous régala toute la soirée d'histoires désopilantes sur le Chemin, les pèlerins, l'Espagne. Dans toutes ses anecdotes apparaissait le désir touchant de se mettre en valeur. Il avait déjà parcouru le Chemin deux fois, disait-il. Il s'attribua de nombreux autres mérites sportifs, escalades prestigieuses, marathons mémorables, titres régionaux d'athlétisme. Tout cela formait un contraste manifeste avec ses épaules étroites, ses jambes grêles et son gros ventre. Mais les histoires étaient bien racontées. Le fait qu'elles fussent manifestement invraisemblables ajoutait à leur drôlerie. La fille riait aux éclats et Ramon y voyait un présage favorable. Il devait en être resté au principe selon lequel « femme qui rit est à moitié dans ton lit », sans avoir encore pris conscience qu'il y a, pour les hommes comme pour les femmes, bien des manières de rire. L'hilarité de la jeune pèlerine contenait plus de moquerie que de fascination. Si Ramon l'attendrissait, c'était à proportion des efforts que le clown faisait pour dissimuler sa tristesse. Le petit homme si peu favorisé par son physique, sous la morsure du désir et peut-être déjà de l'amour, essayait désespérément de se faire prince charmant, sans y croire vraiment lui-même. Mais la nuit douce était tombée. Une bougie, sur la table, nous éclairait mal. Nous écoutâmes jusque tard le récit des exploits fabuleux d'un Ramon qui rêvait sa vie à haute voix. Puis nous allâmes nous coucher, chacun dans son dortoir.

Ces quatre personnages allaient m'accompagner de loin en loin tout au long du *Primitivo*. Pas un instant, nous ne prévoyions de nous retrouver. Pourtant, cela se produisait sans cesse. Au début, le dénommé Ramon, tout à son idée de conquête amoureuse, faisait son possible pour disposer de Marika pour lui seul. Il se montrait d'une mauvaise foi touchante pour justifier des départs précipités, qui le laissaient seul avec sa belle. Le jeune Belge ne suscitait pas trop sa jalousie. Ramon avait compris que, s'il cheminait depuis si longtemps avec la jeune femme sans qu'il ne se soit rien passé, c'était qu'il n'était pas un rival considérable. José, son grand compère, avec ses pieds meurtris et sa piété scrupuleuse, ne le gênait pas non plus. Il se contentait de le semer, en accélérant dans les côtes, afin d'être libre de pouvoir peut-être, enfin, au moment propice, se déclarer tout à fait. J'étais, en vérité, celui dont il se méfiait le plus. Quand je m'en rendis compte, je me sentis un peu triste : je l'aimais bien et il me semblait avoir assez montré par mon attitude détachée ainsi que par quelques mentions de ma femme qui allait me rejoindre bientôt, que je n'avais aucune vue sur la belle Marika.

La méfiance de Ramon me fit néanmoins prendre conscience de la complicité qui s'était établie dès le début entre la jeune étrangère et moi. Il se trompait sur la nature de ce lien mais, avec la sensibilité des amoureux, il avait décelé avant nous son existence.

Au long des étapes, Marika me parla beaucoup d'elle. Elle avait suivi un homme en Espagne, avait appris la langue à la perfection. Il l'avait quittée. Elle avait décidé de rester malgré les difficultés. Avec l'argent gagné dans une agence de voyage sur la côte andalouse, elle faisait vivre sa mère restée au pays. Elle avait chaque soir avec elle de longues conversations téléphoniques. C'était une fille mélancolique et seule, qui cachait des blessures secrètes sous une gaieté de surface. Sa beauté était une arme qu'elle aurait voulu la plupart du temps dissimuler, pour ne la sortir qu'au moment où elle rencontrerait enfin un homme dont elle se serait éprise. Au lieu de quoi, ce joyau livré aux regards de tous amenait vers elle des importuns, suscitait des passions qu'elle ne partageait pas et des jalousies dont elle était la victime. Plus je la connaissais, moins j'étais étonné de la voir marcher sur le chemin de Saint-Jacques. Je la sentais avide de se purger de tous les miasmes du monde artificiel et clinquant dans lequel elle vivait. Il y avait en elle une pureté qu'elle n'aurait pu retrouver que dans sa maison natale ou sur ce chemin.

Je ne compris tout cela que peu à peu. Car le premier matin, en sortant du monastère, je crus d'abord l'avoir perdue. Ramon l'avait réveillée et avait pris la fuite avec elle, suivi du Belge et de José, mais en prenant garde que je ne sois pas du voyage. Malheureusement pour lui, je les rattrapai à Salas, jolie ville médiévale sur la place centrale de laquelle elle avait souhaité prendre un café. Je m'y arrêtai aussi et Ramon en profita pour remettre tout le monde en route et me semer de nouveau.

Cependant, malgré tous les exploits dont il se prévalait, la réalité était qu'il marchait mal et je les rattrapai de nouveau. Nous allâmes de conserve jusqu'à Tineo. La ville est située au flanc d'une colline escarpée. L'auberge de pèlerins est bâtie sur les hauteurs. Mis à part cette position favorable, l'établissement me parut affreux. La promiscuité y était extrême : les lits se touchaient presque. Une unique douche était convoitée par une dizaine de personnes qui faisaient la queue sans s'adresser la parole. L'hospitalier était un gaillard insolent et revêche qui traitait les pèlerins comme des condamnés, ce qu'ils sont, c'est entendu, mais est-il besoin de le leur rappeler ?

Je compris en entrant dans l'*albergue* de Tineo que mon détachement pseudo-bouddhique n'était pas encore complet. Mon agressivité à l'égard des ronfleurs et ma terreur des nuits sans sommeil n'avaient décidément pas disparu. Je pris la fuite, au grand soulagement de Ramon, et allai dormir sous ma tente, à une dizaine de kilomètres de là.

J'ai musardé le matin suivant et, en bonne logique, j'aurais dû retrouver Malika et ses soupirants en chemin. Peut-être même l'espérais-je secrètement. Mais le hasard a voulu que je m'éloigne d'eux, en quittant l'itinéraire orthodoxe du *Primitivo*.

Au sommet du Chemin

O<small>N DÉCOUVRE</small> le long du Chemin quelques femmes providentielles. Elles se consacrent aux pèlerins et mettent à leur service toutes les qualités dont la nature les a pourvues. Dans la ville asturienne de Villaviciosa, j'ai passé la nuit dans un bel hôtel, décoré avec la simplicité chaleureuse d'une maison de famille. La propriétaire aurait pu en réserver la fréquentation à une clientèle touristique haut de gamme. Mais elle aime les pèlerins. Je ne sais à la suite de quel vœu elle a décidé de se consacrer à leur bien-être. Le long du Chemin, plusieurs kilomètres avant la ville, de petits papillons sur les arbres leur indiquent qu'ils seront les bienvenus dans son établissement. Elle connaît la modestie de leurs moyens et doit avoir vaguement conscience aussi de leur pingrerie : elle a adapté ses prix à leur bourse. Pour autant, elle s'en voudrait de leur offrir moins de confort que s'ils payaient un tarif plein. Le soir venu, les jolies chambres aux murs tapissés de percale se remplissent de toute la misère du Chemin. Je fis ainsi sécher ma tente entre un tableau XIXᵉ représentant un paysage et un ravissant secrétaire en marqueterie. J'alignai des chaussettes sur la tête de lit en bois sculpté et triai ma batterie de cuisine sur un guéridon. Je suis bien certain que mes compères pèlerins firent de même dans les chambres voisines. Au petit déjeuner, la patronne du lieu prenait visiblement un grand plaisir à boire son café au milieu des Jacquets. En même temps qu'elle préparait sa fille pour l'école, elle discutait avec les marcheurs, s'enquérait de leur sommeil, de leur repos et les faisait parler de Compostelle où elle n'était jamais allée. C'est avec remords mais en obéissant à leurs instincts les plus irrépressibles qu'ils fauchaient tout le pain disposé sur les tables pour constituer des réserves dans leur sac à dos. Je suis bien sûr que, à Saint-Jacques, nombreux ont prié pour cette femme ou, à tout le moins, ont eu une pensée pour elle.

J'en rencontrai une autre, d'un genre bien différent, dans le petit village de Campiello, quelques kilomètres après Tineo. Le guide signalait en deux lignes l'existence dans ce village d'une épicerie appelée Casa Herminia. Il n'en disait pas plus. En arrivant, j'eus la surprise de découvrir une halte organisée spécialement à l'attention des pèlerins. Cette vocation n'était pas évidente à première vue. Il y avait bien force coquilles Saint-Jacques sur la façade de la maison, mais cette référence est souvent destinée aux touristes plus qu'aux vrais pèlerins. En entrant dans l'établissement, je trouvai le décrochez-moi-ça habituel des épiceries de campagne.

À droite, le bar derrière lequel un patron renfrogné essuyait des verres. Au fond, un étal réfrigérant qui offrait diverses catégories de viandes et de fromages dont on pressentait qu'ils portaient tous des noms exotiques, inconnus vingt kilomètres plus loin. Enfin, sur les murs et jusqu'au plafond, un capharnaüm de produits variés duquel émergeaient des paquets criards de lessive, des jouets en plastique couverts de poussière, des bouteilles de soda dont le contenu virait au louche.

Il faisait chaud dehors, en cette fin de matinée. Quand je pénétrai dans l'épicerie, le silence du lieu, le regard mauvais du patron, l'absence dans le village de toute âme qui vive me firent d'abord craindre d'avoir franchi le seuil de quelque funeste auberge rouge, de celles qui, dans la légende, accueillent le voyageur pour lui trancher la gorge et le détrousser. Je m'assis craintivement au bar et, pendant que le patron allait me chercher un Coca-Cola, je regardai avec méfiance les saucissons qui pendaient au-dessus du comptoir. Ne serait-ce pas de la viande de pèlerin ?

Ces sombres pensées se dissipèrent avec l'arrivée d'une femme. Petite et forte, vêtue d'une robe noire que couvrait un tablier de cuisine, la nouvelle venue émergeait de ses fourneaux : par une porte ouverte, on pouvait sentir un délicieux fumet qui passait sous le couvercle d'énormes casseroles en fer-blanc.

C'est peu de dire que cette femme dégageait de l'autorité. Dès son entrée, le patron s'évapora, aspiré par le mur gris dont il avait soudain pris la couleur.

Elle planta sur moi deux yeux ibériques qu'aucun nervi franquiste n'aurait pu faire baisser.

— Vous voulez déjeuner, m'assena-t-elle.

Il n'y avait dans sa phrase, pourtant dite en espagnol, aucun point d'interrogation, ni devant, ni derrière. Sans attendre une quelconque réaction de ma part, elle enchaîna :

— Ce n'est pas encore prêt. Asseyez-vous. Là !

Bien attendri par ces semaines de chemin, je me plaçai docilement à l'endroit qu'elle m'indiquait en pointant l'index. Elle retourna dans sa cuisine et j'attendis. Un peu plus tard, un nouveau pèlerin fit son apparition. C'était un homme de haute taille, le nez refait et les cheveux décolorés. Sa musculature était de celles qui procèdent d'une longue fréquentation des salles de sport urbaines et il avait pris soin de la mettre en valeur au moyen d'un débardeur noir moulant et d'un collant mi-cuisses très ajusté. Il avait tout à fait l'air de descendre d'un char de la Gay Pride. Les bâtons de marche et le sac à dos, pour incongrus qu'ils parussent, témoignaient qu'il s'agissait bien d'un pèlerin, ce que confirmait sa présence dans ce lieu.

La femme ressortit de sa cuisine, lui intima l'ordre de s'asseoir en face de moi et annonça :

— C'est bientôt prêt.

Nous liâmes conversation, mais à voix basse, pour ne pas déranger. Après avoir essayé diverses langues, nous découvrîmes que nous en avions une en commun : il était hollandais et avait appris le français en Belgique.

Toujours encombré de préjugés, je pensai que ce devait être son premier Chemin, et qu'il n'avait pas dû partir de très loin, eu égard à son état d'extrême propreté.

Il me détrompa : c'était la cinquième fois qu'il se rendait à Compostelle et il s'était mis en route à Bruxelles. Il avait à vrai dire parcouru tous les itinéraires possibles. Il parlait du pèlerinage comme d'une plaisanterie qui aurait mal tourné et surtout assez duré. Il se jurait bien que ce Chemin-ci serait le dernier. Cependant, à la manière qu'il avait de l'affirmer, on sentait qu'il se défiait de lui-même et que, à chaque voyage, il avait probablement prêté, en vain, le même serment.

L'aubergiste fit irruption en tenant bien haut des assiettes fumantes qu'elle déposa devant nous. Le menu n'était pas davantage laissé à notre discrétion que les places. Il n'était pas question de s'en plaindre et, d'ailleurs, nous n'en avions aucune envie. Tout était délicieux.

D'autres pèlerins arrivèrent en groupe. Ils nous saluèrent et nous fixèrent longuement. Ils n'avaient pas l'air choqué par le couple qu'en apparence nous formions, le Batave et moi, mais seulement intrigués par le fait que l'un de nous fût si propre et l'autre si sale.

Le déjeuner terminé, la femme passa dans les rangs pour se faire acclamer. Nous lui rendîmes un hommage mérité. Elle s'attarda auprès de nous et alla jusqu'à nous ouvrir son cœur.

Elle se dévouait entièrement, disait-elle, pour les pèlerins. Héritière de l'épicerie, elle l'avait dédiée à cette cause. Nous comprîmes vite que ce n'était pas pour des raisons spirituelles. Le Chemin était pour elle un créneau commercial et elle mettait toute son énergie à l'occuper. Elle avait fait le compte de ses avantages : Campiello était situé sur le Chemin et tous les guides mentionnaient désormais son épicerie. Hélas ! Elle avait aussi un handicap, qu'elle entendait bien surmonter : le village était *au milieu* d'une étape. Les pèlerins partaient de Tineo, où ils passaient la nuit, et se rendaient à Polo de Allende pour y dormir. Elle en était donc réduite à ne servir que des déjeuners. L'activité était certes rentable – nous devions nous en convaincre en recevant l'addition –, mais elle restait insuffisante.

La vigoureuse aubergiste avait l'ambition de donner à son village le statut d'une halte à part entière et d'y faire dormir les pèlerins. À cette fin, elle avait aménagé un ancien hangar agricole en auberge. Elle nous fit les honneurs de ses installations après le déjeuner. Sous le soleil impitoyable du début de l'après-midi, le Hollandais et moi parcourûmes les quelques centaines de mètres qui conduisaient au refuge. Nous étions en nage. La maîtresse du lieu, toute de noir vêtue, ouvrait la marche. Pas une goutte de sueur ne perlait à son front. C'était à l'évidence une de ces machines humaines à haut rendement qui économise la moindre goutte d'eau, rentabilise les aliments jusqu'à la dernière calorie et transforme tout en énergie et finalement en bel et bon argent. Le dortoir était neuf et propre. La femme nous vanta la literie, en donnant le prix des matelas. Restait que, comme dans toutes les auberges privées, les couchages étaient redoutablement proches les uns des autres. Ni l'insistance de la patronne ni la propreté du lieu ne furent suffisantes pour me faire changer d'avis : j'allais continuer ma route. D'ailleurs, il était encore très tôt et j'étais loin d'avoir mon content pour la journée. Mon compagnon n'avait pas l'air plus convaincu, jusqu'à ce que, en ouvrant la porte, il découvrît une machine à laver et un séchoir à linge flambant neufs. Ces accessoires étaient visiblement indispensables pour lui. C'était à eux qu'il devait sa remarquable propreté. Il pratiquait à l'évidence une forme originale de pèlerinage qui le faisait aller non d'un sanctuaire à un monument mais plutôt d'un programme coton 40 °C à un cycle synthétique essorage six cents tours. Au bout de cinq voyages, le Chemin semblait avoir perdu tout attrait pour lui, à l'exception de ces commodités ménagères, si j'en jugeais par les cris de bonheur qu'il poussa dans la buanderie. Il mit en route séance tenante une machine de tee-shirts et de chaussettes et déclara qu'il restait là pour la nuit.

La tenancière de l'épicerie, me voyant ressortir de son auberge, ne renonça pas pour autant à me convaincre d'y rester. Elle désigna la première coquille le long du Chemin et m'assena ce qui devait constituer pour elle l'argument commercial suprême.

— En partant d'ici, m'annonça-t-elle sur un ton assourdi par l'orgueil, il y a une variante. Vous ne la trouverez pas sur votre guide, pas encore. Mais elle est balisée. Oui, monsieur, il y a des coquilles et des flèches jaunes tout le long.

Je me montrai intéressé. Une variante, cela signifie encore moins de monde et, dans ces montagnes, des lieux encore plus sauvages.

— D'un point de vue historique, reprit la femme qui avait déjà bien rodé son boniment, c'est beaucoup plus intéressant que le Chemin normal. Vous ne rencontrerez pas moins de quatre hostelleries de pèlerins du Moyen Âge sur le parcours. Des paysages à couper le souffle.

Elle gardait évidemment le meilleur pour la fin.

— Mais c'est long. Vous ne passerez pas à Polo de Allende. La première auberge est à trente kilomètres. Autrement dit, une journée de marche, en partant d'ici.

La conclusion logique, qu'elle laissait pénétrer dans l'esprit de son interlocuteur à la faveur d'un silence prolongé, était donc qu'il *fallait* dormir dans son auberge. Hélas ! Je disposais moi aussi d'un joker que j'abattis avec nonchalance.

— Ce n'est pas grave, dis-je, j'ai une tente. Je pourrai toujours dormir en cours de route.

La femme comprit alors que la partie était perdue pour elle. Mais, comme sa nature n'était pas de s'avouer vaincue sans livrer bataille jusqu'au bout, elle tenta de faire de moi, à défaut d'un client, au moins un rabatteur.

— Faites la variante ! me souffla-t-elle d'une voix pathétique, en agrippant ma manche. Faites-la et, ensuite, écrivez-leur. Tous ces gens qui publient des guides dans votre pays, dites-leur que le plus beau

Chemin c'est celui-ci. Qu'ils corrigent leur erreur et qu'ils proposent Campiello comme étape.

Je promis assez lâchement de m'exécuter. Dans l'état de détachement où j'étais, je crois avoir été assez sincèrement convaincu que je le ferai. En écrivant ces lignes, d'une certaine manière, j'honore mon engagement. Car je tiens à dire que cette variante montagneuse du Chemin est en effet d'une beauté incomparable et qu'il ne faut la manquer à aucun prix.

Son intérêt, n'en déplaise à mon épicière, ne procède en rien des fameuses hostelleries médiévales annoncées. Le premier de ces établissements est un tas de pierres gagné par les ronces. Un écriteau que je soupçonne notre ambitieuse d'avoir rédigé elle-même annonce fièrement : première hostellerie. De la deuxième subsiste un morceau de mur de quatre-vingts centimètres de haut. La troisième est du même acabit. Quant à la dernière, je me souviens qu'elle se réduit à quelques affleurements de cailloux au milieu desquels broute un troupeau de moutons. Le froid de l'air d'altitude, la fatigue de l'ascension et la soif qui me gagnait se sont ligués pour me donner des hallucinations. Je suis persuadé d'avoir vu les moutons ricaner en me voyant lire la pancarte.

Cependant, si ces prétendus monuments sont décevants, le parcours en lui-même qu'ouvrait cette variante tient toutes ses promesses et même au-delà.

Le Chemin s'élève et s'efface. Il devient par instant presque invisible, comme une simple trace, une ligne virtuelle qui effleurerait la montagne. Le pèlerin déjà aguerri, formé par ces longues semaines à percevoir les bornes jacquaires avant qu'elles n'apparaissent, peut donner dans ces espaces sauvages la pleine mesure de son art pérégrin. Il se dirige à l'estime. Son esprit enjambe les hautes montagnes et tend un fil à travers les vallées. Le parcours qu'il sent, qu'il devine et qui a l'ampleur de ces reliefs gigantesques, il l'apprivoisera pas après pas. Sans rien changer à son allure, il bondira au-dessus des crêtes et coupera à travers les abysses. Jamais plus petit au milieu de ces immensités, il est en même temps, par le moyen de son esprit et par la force minuscule de son pas, à leur échelle. Le marcheur est, selon la formule de Victor Hugo, un géant nain. Il se sent au comble de l'humilité et au faîte de sa puissance. Dans l'état d'aboulie où l'ont plongé ces semaines d'errance, dans cette âme délivrée du désir et de l'attente, dans ce corps qui a dompté ses souffrances et limé ses impatiences, dans cet espace ouvert, saturé de beautés, à la fois interminable et fini, le pèlerin est prêt à voir surgir quelque chose de plus grand que lui, de plus grand que tout, en vérité. Cette longue étape d'altitude fut, en tout cas pour moi, le moment, sinon d'apercevoir Dieu du moins de sentir son souffle.

Les églises ou les monastères n'avaient été que les antichambres dans lesquelles j'avais été préparé à l'arrivée de quelque chose qui restait encore invisible. Voilà que, disposé par ces retraites à accueillir le grand mystère, j'étais enfin admis à me tenir en sa présence.

Il faut que le pèlerin soit enfin seul et presque nu, qu'il abandonne les oripeaux de la liturgie, pour qu'il puisse monter alors vers le ciel. Toutes les religions sont confondues dans ce face-à-face avec le Principe essentiel. Comme le prêtre aztèque sur sa pyramide, le Sumérien sur sa ziggourat, Moïse au Sinaï, le Christ au Golgotha, le pèlerin, dans ces hautes solitudes, livré aux vents et aux nuées, abstrait d'un monde qu'il voit de haut et de loin, délivré de lui-même en ses souffrances et vains désirs, atteint enfin l'Unité, l'Essence, l'Origine. Peu importe le nom qu'il lui donne. Peu importe en quoi ce nom s'incarne.

J'étais parvenu à un col désolé, et la terre était couverte d'herbe rase. Je me trouvais dans les brumes. Des étoffes blanches, soulevées par un vent glacé, s'enroulaient autour de gros rochers posés sur le sol. Des petits lacs trouaient le vert des alpages et reflétaient le ciel. J'avais croisé des génisses et des troupeaux de moutons. Soudain, un groupe de chevaux sauvages se dessina sur l'horizon. Ils avaient la crinière longue et bondissaient en liberté, poussés par le vent à moins qu'ils ne fussent alertés par mon approche. L'un d'entre eux, plus grand et plus intrépide, attendit, immobile, et me fixa. Puis il dessina dans l'air une arabesque, encolure fléchie, membres rassemblés, tourna sur lui-même et, après m'avoir regardé une dernière fois, disparut.

Eussé-je été un homme préhistorique que j'aurais couru jusqu'à ma grotte et dessiné sur ses parois cette divinité brièvement aperçue, concentrant en elle toute force et toute beauté. C'est ainsi que les humains d'aujourd'hui, après le long détour des monothéismes, en reviennent parfois à des éblouissements spirituels qui leur font incarner le divin dans les objets de la nature : les nuages, la montagne, les chevaux. Le pèlerinage est un voyage qui soude ensemble toutes les étapes de la croyance humaine, de l'animisme le plus polythéiste jusqu'à l'incarnation du Verbe. Le Chemin réenchante le monde. Libre à chacun, ensuite, dans cette réalité saturée de sacré, d'enfermer sa spiritualité retrouvée dans telle religion, dans telle autre ou dans aucune. Reste que, par le détour du corps et de la privation, l'esprit perd de sa sécheresse et oublie le désespoir où l'avait plongé l'absolue domination du matériel sur le spirituel, de la science sur la croyance, de la longévité du corps sur l'éternité de l'au-delà. Il est soudain irrigué par une énergie qui l'étonne lui-même et dont, d'ailleurs, il ne sait pas très bien que faire.

Je suis à jamais reconnaissant à mon industrieuse aubergiste de m'avoir fait vivre cette étape intense. En redescendant vers le barrage de Salime, j'avais le sentiment de n'être plus tout à fait le même. Certes, je ne revenais pas chargé des tables de la Loi, nulle voix ne m'avait dicté un nouveau Coran ou de nouveaux Évangiles. Je n'étais pas devenu un prophète et ce n'est pas pour convertir quiconque à quoi que ce soit que j'écris ces lignes. Cependant, dans ce qui fut pour moi l'apogée mystique du Chemin, j'ai eu le sentiment de voir la réalité se perdre et me permettre d'apercevoir ce qu'il y a au-delà d'elle et qui se diffuse en chacune de ses créatures.

À la béatitude bouddhiste s'ajoutait désormais une plénitude nouvelle. Jamais le monde ne m'avait paru aussi beau.

Une apparition en forêt

CEPENDANT, on ne peut pas vivre toujours sur les sommets, ni au sens propre ni au figuré. Il faut en redescendre et retrouver ses semblables. C'est ce que je fis en m'enfonçant dans l'épaisse forêt de chênes verts qui entoure le lac artificiel de Salime.

Au cœur de cette forêt, à la fin de l'après-midi, je tombai sur un étrange personnage. Le premier humain que je revoyais en descendant de mes hautes terres avait, de loin, des allures d'esprit des bois. Un homme de l'Antiquité aurait reconnu un satyre ou un faune, un avatar de dieu sylvestre. Mais, à mesure que j'approchais, il devint plus évident que cette créature sacrifiait moins à Pan qu'à Bacchus. L'homme était sérieusement ivre. C'était bien un pèlerin, et même la quintessence du genre. Il est fréquent de croiser des marcheurs pourvus d'un ou deux accessoires traditionnels, tels que le bourdon ou la coquille. Mais celui-ci les avait tous : cape descendant jusqu'aux chevilles, chapeau à bord relevé sur le front, croix de Saint-Jacques épinglées partout, coquilles de toutes sortes, depuis celles achetées chez le poissonnier du coin jusqu'à la variante stylisée en argent et montée en broche. À son grand bâton de marche pendaient, comme au Moyen Âge, des calebasses en forme de poire. Seul élément contemporain, il portait sur le dos un sac à deux bretelles et non un bissac. Cependant, il était d'un modèle ancien, en toile beige, et ne déparait pas dans l'ensemble.

Le visage de l'homme était mangé par une barbe grise, broussailleuse comme la forêt qui nous environnait. Quand je m'arrêtai devant lui, le pèlerin me dévisagea en pointant vers moi deux yeux pâles, bien enfoncés dans des orbites gonflées d'œdème. Il tenait son grand bâton à deux mains et se balançait autour de lui.

— Bon *Camino*, lançai-je.

Il émit un grognement aviné. J'eus du mal à comprendre sa réponse.

— *'uten 'ag !*

C'était sans doute de l'allemand. Je rassemblai mes souvenirs scolaires et lui dis quelques mots dans sa langue. L'homme hocha la tête, fit quelques oscillations autour du bâton puis me demanda si j'étais allemand. Seul un individu très saoul pouvait avoir un doute sur ce point, compte tenu de ma grammaire misérable et de mon accent. Je répondis que j'étais français et il rumina cette réponse avec de longs mouvements de mâchoire. Soudain, lâchant son bourdon d'une main, il pointa vers moi un index noueux et me frappa la poitrine.

— *Du weißt,* s'écria-t-il, *Ich bin ein alter Mann.*

Je hochai la tête pour approuver.

— Sais-tu quel âge j'ai ? poursuit-il toujours en allemand. Soixante-dix-huit ans !

Je saluai cette révélation en formant une mimique de surprise et d'admiration. J'étais d'ailleurs sincèrement impressionné : un homme de cet âge, tout seul dans les bois, en pleine chaleur, si loin de chez lui et surtout encore de Compostelle… Je me demandai tout à coup s'il n'était pas malade plutôt qu'en état d'ébriété. Le soleil avait pu lui taper sur la tête. Il y a des hémorragies méningées à forme psychiatrique et même pseudo-ébrieuse.

Avait-il besoin de quelque chose ? Pouvais-je l'aider en quoi que ce soit ? Il se raccrocha à son bâton et cria avec une mimique indignée.

— *Nein, nein, nein !*

On aurait dit que j'avais l'intention de le détrousser.

Pour me prouver qu'il se passerait très bien de mon aide, il ajouta :

— Je suis parti de Cologne.

Cologne ! Un marcheur normal aurait déjà mis trois mois pour arriver de là-bas. Alors, à cet âge, imbibé comme il l'était et accroché à son bâton…

— Passe ton chemin, aboya l'homme. Avance ! Et si tu vois un autre pèlerin devant, demande-lui si c'est Gunther.

— Ah, tu n'es pas seul !

Il ne tint pas compte de ma remarque.

— Si tu le vois, dis-lui que Ralf ne va pas tarder. C'est moi, Ralf.

Je le saluai et m'éloignai. De temps en temps, je jetai des coups d'œil en arrière : il était toujours planté sur son bourdon comme s'il allait prendre racine dans cette forêt. Puis il disparut de ma vue. Je ne trouvai pas de Gunther sur mon chemin. Le sentier débouchait de la forêt à la hauteur du barrage de Salime. Avec la chaleur, je mourais de soif. Je m'assis à la terrasse d'un restaurant qui dominait le lac et mangeai une glace. Un car de pèlerins motorisés ripaillait à l'intérieur. Je me serais bien assis dans la même salle qu'eux, car elle était climatisée. Mais le chien de la maison était venu me renifler d'un air dégoûté et je n'eus pas le cran d'imposer à ces messieurs proprets et à ces dames coiffées avec soin mes odeurs de chemineau. Je sortais de deux nuits sous la tente dans la montagne, sans aucun sanitaire, et je n'avais plus de vêtements de rechange…

Arrivé à la ville de Grandes de Salime, je passai devant la belle église entourée d'une galerie en arcades et empruntai la rue principale, bien décidé à trouver un toit pour la nuit. D'après mon guide, le café-tabac louait deux ou trois chambres d'hôtes. J'avais besoin de me doucher, de bien dormir sans la menace d'un ronfleur, de laver mes vêtements. Les chambres étaient situées en face du café dans une petite maison dont le bas devait servir de logement au patron du bar et à sa famille. Il y avait des plantes vertes dans les couloirs et des images saintes au mur. La petite chambre qui restait m'allait très bien : sa fenêtre était orientée vers le couchant. J'aurais le temps de faire sécher ma lessive aux derniers rayons de soleil.

Je me récurai soigneusement, enfilai un short et un tee-shirt moins sale que les autres, glissai mes pieds dans des tongs et descendis voir à quoi ressemblait le village. À ma grande stupeur, la première personne que j'aperçus dans la rue, assis à la terrasse d'un café, était Ralf, débarrassé de son chapeau et de ses oripeaux de pèlerin. Il était simplement vêtu d'une chemise à rayures de paysan rhénan et son pantalon tenait grâce à de larges bretelles. Face à lui était assis un autre individu du même âge, dans lequel je crus pouvoir reconnaître le dénommé Gunther.

Devant eux, sur la petite table en fer du café, étaient posées deux chopes d'un litre. L'arrivée de Ralf était encore un miracle de Saint-Jacques. Mais le liquide blond surmonté de mousse qui emplissait les chopes n'était sans doute pas étranger à sa résurrection.

Galice ! Galice !

L E LENDEMAIN était un grand jour : il marquait mon entrée en Galice. La province occidentale de l'Espagne est le lieu où furent découvertes les reliques de Saint-Jacques. Si Compostelle est l'objectif du pèlerinage, toute la province de Galice bénéficie du prestige que confère la présence miraculeuse du saint. Entrer en Galice, c'est toucher au but. Malgré toute la sympathie qu'avaient suscitée en moi les Asturies, j'étais impatient de les quitter et d'entrer dans cette ultime phase du voyage.

Le pèlerin aguerri n'a plus de désirs, je l'ai dit. S'il avait encore fallu marcher un mois, je m'y serais résigné sans murmurer. Mais être sans impatience ne veut pas dire sans émotions. C'est une autre des découvertes que l'on fait en chemin que cette exaltation, ce bonheur, cette paix qui augmente à mesure que l'on approche du but. Jusque-là, quand on en était encore séparé par des centaines de kilomètres, Compostelle n'était qu'un mot et Saint-Jacques l'objet flou d'une rêverie désordonnée. Mais on avance et, bientôt, on sent sa présence. Il va se découvrir, apparaître dans l'espace concret, non plus celui de la pensée et du songe mais celui des sens : on va le voir, le toucher.

Les Asturies sont le lieu du voyage où l'on se sent, par l'altitude et le dépouillement du paysage, le plus loin du but. Or la Galice qui lui succède est au contraire l'endroit où l'on se sent le plus près. Le passage d'un lieu à l'autre a donc une forte valeur symbolique.

J'ignorais quelle forme prendrait concrètement cette frontière. Elle est située au niveau d'un col, l'Alto de Acebo. On y accède par une pente boisée dans laquelle le Chemin serpente en douceur. Longtemps avant de parvenir au col, on aperçoit la crête qui se détache sur les nuages venus de la mer. Une ligne d'éoliennes suit cette crête. À contre-jour, les grands pylônes apparaissent en noir sur l'azur. On dirait des points de suture placés entre le ciel et la terre. Leurs pales ressemblent à des nœuds placés sur ces fils pour tenir solidement les deux mondes. Comme si un géant avait, d'un coup de bistouri, ouvert le ventre de l'horizon pour atteindre ses entrailles et l'avait ensuite recousu à la hâte.

Dans l'esprit alangui du marcheur, quand de telles métaphores s'installent, elles roulent et s'enjolivent à chaque pas. Le rêve ne se brise que lorsqu'on atteint le col. Vues de près, les immenses éoliennes retrouvent leur identité de machine. Leur pied énorme s'enfonce dans un lit de béton qui les arrime au sol. Et leurs hélices gigantesques grincent lugubrement. Les moulins d'aujourd'hui n'ont pas de meunier. Ils évoquent plus

H.G. Wells qu'Alphonse Daudet. L'homme qui passe à leur pied courbe l'échine avec humilité. Ces producteurs d'énergie douce sont des machines violentes, arrogantes, maléfiques. Leur présence au milieu des champs ou sur les sommets produit un étrange sentiment d'effraction, de menace, comme si ces créatures échappées du monde industriel étaient venues envahir la nature encore libre et lui imposer leur loi.

De l'autre côté du col, le Chemin redescend et l'on marche en tournant le dos aux éoliennes, ce qui produit un soulagement immédiat. À l'horizon, rien ne distingue les lointains bleutés de ce que l'on a vu jusque-là, sinon qu'ils s'appellent la Galice.

Devant moi, pendant l'ascension vers le col, j'avais repéré, à deux ou trois cents mètres, un autre pèlerin. Nous marchions du même pas et la distance entre nous restait constante. Mais, dans la descente, je notai qu'il s'était arrêté et bientôt je le rejoignis. C'était un Espagnol d'une cinquantaine d'années au physique de cadre avec lunettes d'écailles, chemise Lacoste et chaussures basses en toile de jean. Il m'attendait le long du chemin dans un endroit qui ne me semblait pas particulièrement remarquable. Mais il pointa le doigt vers une ligne tracée sur le sol et je vis qu'elle partait d'une borne en ciment plantée sur le bas-côté.

— Galicia ! annonça mon interlocuteur avec une flamme dans le regard.

Il se tenait en deçà de la ligne. Quand je parvins à sa hauteur, il me tendit la main. Je la lui serrai, mais ce n'était pas pour me saluer qu'il faisait ce geste. Il m'expliqua tant bien que mal que nous allions nous tenir ainsi pour franchir la ligne ensemble. Nous nous sommes donc placés face à la minuscule frontière, main dans la main, et nous avons sauté à pieds joints pour entrer sur la terre de Saint-Jacques. Une fois de l'autre côté, l'Espagnol a manifesté sa joie, m'a donné une accolade puis a repris son chemin. Je ne l'ai plus jamais revu.

En revanche, en contrebas du col, je fis une rencontre inattendue et heureuse. Dans une maison en pierres sèches était installé un petit bar qui accueillait les pèlerins. Le comptoir était encombré d'un capharnaüm de souvenirs en tous genres : chopes de bière, fanions, cartes postales. Chaque fois que le patron encaissait une consommation, une cloche fixée sur la caisse tintait avec force.

Sur ce versant à l'ombre, le vent était glacial et j'entrai dans le bar pour me réchauffer. J'y découvris Marika et le Belge, en train d'engloutir des *boccadillos*. Embrassades, retrouvailles : en un instant, j'étais attablé avec eux et ils me racontaient les dernières étapes.

José et Ramon avaient disparu. Le premier avait abandonné, victime du genou dont il se plaignait depuis le départ. Le second, malgré tous ses records, avait décroché. Avec l'involontaire cruauté dont font preuve les pèlerins passés au stade bouddhique, Marika avait assisté dans la plus grande indifférence au naufrage de son chevalier servant. J'imaginais assez la détresse de Ramon, placé brutalement devant l'évidence : tout ce qu'il racontait n'était que fable et vantardise. Son gros ventre, ses petites pattes, son souffle court avaient eu raison du grand amour qu'avait éveillé en lui la belle Moldave. S'il était encore sur le Chemin, il devait se sentir aussi impuissant qu'un hanneton retourné sur le dos. Par agacement, je m'étais moqué de lui mais, maintenant, je le prenais sincèrement en pitié et je mesurais tout ce que son bavardage révélait de souffrance.

Indifférents à ce drame comme à tout le reste, la jolie fille et le jeune garçon, guéris des illusions du désir et délivrés des sortilèges de la réalité, continuaient leur marche avec une allégresse nouvelle, car ils étaient en Galice.

Nous restâmes un long moment dans la douce tiédeur du bar, à nous raconter les détails de nos Chemins respectifs, depuis que nous nous étions perdus de vue. Je parlai de Ralf et ils me confièrent en riant l'avoir rencontré à plusieurs reprises. La dernière en date était ce matin même : il quittait le café où nous étions en même temps qu'ils y arrivaient.

— Mais, alors, il est *devant* nous ? m'écriai-je.

— Oui, avec son compère Gunther.

Décidément, ce diable de pèlerin avait un secret. Quand on l'avait vu, comme moi, tanguer accroché à son bourdon, perdu dans une forêt et apparemment incapable d'avancer, il semblait peu croyable qu'il pût finalement combler son retard sur de jeunes marcheurs en pleine forme et même les dépasser. La bière suffisait-elle à expliquer ces performances ?

Nous nous remîmes en route à la fin de la matinée. Un pâle soleil dépassait des crêtes et atténuait quelque peu les effets de la bise.

Le Chemin traversait les hautes terres de Galice, rudes et désertes. Le jeune Belge nous raconta son voyage à travers son pays et la France, en ces lieux où les pèlerins sont rares. Il avait été accueilli partout avec une ferveur inattendue, en ce début de XXIe siècle. Les villageois lui faisaient cadeau de fruits ou d'œufs, en lui demandant de prier pour eux à Compostelle. À l'heure de la télévision et d'Internet, le pèlerin continue d'incarner la circulation des idées et des êtres humains. À rebours du virtuel et de l'instantané que représentent les médias et qui suscitent la méfiance voire l'incrédulité, le mouvement du pèlerin est incontestable. Il est attesté par la boue qui colle à ses souliers et par la sueur qui trempe sa chemise. On peut lui faire confiance. Quand il s'agit de livrer une partie de son âme, de se recommander aux puissances invisibles qui gouvernent le monde et notre propre destin, le pèlerin reste le seul à qui l'on puisse se fier.

Le jeune garçon portait dans son sac quantité d'objets qui lui avaient été remis en échange de ses prières futures. Il ne semblait guère y croire et professait, à l'endroit de la religion, un scepticisme ironique. Pourtant, il ne se séparait pas de ces offrandes votives et se disposait à s'acquitter honnêtement de ses responsabilités de messager. À Saint-Jacques, il allumerait autant de cierges qu'on lui en avait demandé et placerait devant eux les images, les photos ou les petits mots qui permettraient au saint de connaître les intentions de ceux qui l'honoraient. Son sac à dos devait atteindre les dix-huit kilos quoiqu'il ne contînt que fort peu d'effets personnels. Après deux mois et demi d'errance, ce n'était pas un bissac qu'il avait sur les épaules mais plutôt une hotte de Père Noël.

Le long des chemins de Haute Galice, les rares constructions sont en pierres sèches et couvertes de lauzes moussues. Les clôtures des champs elles-mêmes sont faites de larges pierres dressées et plantées dans le sol, pour former de véritables murs. Archaïques et d'aspect brut, ces palissades minérales ramènent aux temps reculés des premiers cultivateurs. Le marcheur a l'impression d'être remonté bien avant l'époque du Christ et des saints, avant même l'Antiquité jusqu'à une période préhistorique. Quelques symboles chrétiens ont réussi à se frayer un chemin jusqu'à ces terres reculées, mais ils s'abritent sous les mêmes entassements minéraux. Nous croisâmes ainsi plusieurs *ermitas* : l'habituel décor marial, les fleurs en pot et les bougies qui projettent dans le sanctuaire une lumière sourde d'entrailles rouges y étaient protégés par la peau rugueuse d'un épais toit de pierres sèches.

Dans les replis d'un col, nous rencontrâmes les vestiges d'une ancienne hostellerie de pèlerins. Les ruines, ici, n'étaient pas réduites à l'état de gravats comme dans la variante que m'avait indiquée l'épicière. C'était de hauts murs qui dessinaient encore nettement les diverses pièces de l'ancien bâtiment. Construits sans le recours du moindre mortier, les murs étaient des empilements de moellons basaltiques. Leur couleur fauve ajoutait au caractère austère du lieu que traversait un vent glacé. L'endroit était pourtant plein de gaieté. Un groupe d'Espagnols riait et se prenait en photo dans les ruines. Femmes et hommes étaient bronzés, vêtus de textiles fluos de couleurs vives. Nous reprîmes la marche avec eux. Ils nous confièrent qu'ils vivaient aux Canaries, qu'ils étaient partis d'Oviedo et que ce froid vif était exactement ce qu'ils étaient venus chercher, pour oublier l'émollient climat de leurs îles.

Un peu plus loin, dans un creux de vallée au sortir d'un bois, un refuge nous engloutit tous. Nous y retrouvâmes d'autres pèlerins attablés, les joues rougies par le froid, autour de chocolats chauds. Pour nous, qui venions de loin, ces étapes galiciennes marquaient déjà l'imminence de la fin du voyage. L'insouciance, la gaieté et la fraîcheur de ces marcheurs annonçaient ce que seraient les ultimes kilomètres avec leurs foules bien reposées, venues seulement pour atteindre Compostelle depuis sa banlieue. Le pèlerinage, avec eux, allait prendre le caractère bref, juvénile et ludique qu'il revêt à Chartres par exemple, qu'on atteint en peu de jours. Cependant, la rudesse de ces dernières hautes terres contrebalançait cette allégresse en donnant au paysage un aspect austère et grave qui rappelait encore l'effort du pèlerinage au long cours.

Peut-être parce que, au milieu de ces marcheurs de la dernière heure, nous étions porteurs tous les trois de la vénérable tradition du Chemin, celle qui avait fait de nous ces fantômes béats, étrangers à eux-mêmes, délivrés de la rigoureuse frontière qui, pour tous les autres, sépare la réalité du rêve, nous restâmes ensemble pour ces dernières étapes.

Il y eut ainsi beaucoup de gaieté dans ces régions désolées. Nous marchions en plaisantant dans les ruelles de villages devenus trop grands et dont les sombres bâtisses de pierres grises et d'ardoises ne semblaient plus contenir que des vieillards. Quelques chiens, excités par notre présence, jappaient de toutes leurs forces et leurs aboiements se répercutaient lugubrement sur les murs. Le dialecte galicien, proche du portugais, faisait son apparition sur les enseignes. Ces lieux abandonnés des dieux semblaient ne connaître que deux mouvements : l'exil des jeunes et le retour des vieux. Des cafés trop grands étaient tenus par d'anciens ouvriers de la Régie Renault qui évoquaient avec une nostalgie douloureuse les Halles ou la porte de la Chapelle. Des églises immenses perpétuaient le souvenir des temps lointains où la population était nombreuse et fervente. Ces bâtiments aujourd'hui disproportionnés provoquent chez les villageois un sentiment mêlé de fierté et de gêne. Fierté que soit ainsi rappelé le passé faste de la région. Gêne comme devant un invité qui arrive avec un cadeau trop cher, et humilie plus qu'il n'honore ceux à qui il est destiné.

Moins indisposés que moi par les ronflements, mes compagnons pratiquèrent quelques auberges. J'eus de mauvaises expériences de camping dans ces régions glaciales et humides. Finalement, la dernière nuit, avant de nous séparer, nous nous logeâmes tous les trois dans un petit hôtel. À vrai dire, c'était seulement un bar au-dessus duquel étaient aménagées quelques chambres. Elles étaient claires et modernes, ouvertes par de grandes baies vers un paysage d'une tristesse à faire pâlir tous les courages : une route sur laquelle ne passait aucune voiture ; un champ de pommiers dégouttant de pluie ; une remise en pierres dont la porte était obstruée par des ronces.

Il y eut un peu de flottement, au moment de nous répartir dans les chambres. Nous avions le choix de mettre les deux hommes ensemble ou de former un couple avec Marika. Mais, dans ce cas, qui devait passer la nuit avec elle ? Finalement, ce fut le critère d'âge qui, sans le formuler, prévalut : les jeunes laissèrent leur aîné, moi, prendre ses aises dans une chambre seule.

Le lendemain matin, mes compagnons voulaient partir très tôt, tandis que j'avais tout mon temps : je devais rejoindre ma femme Azeb assez tard à l'étape suivante. Je décidai néanmoins de me lever en même temps qu'eux pour leur dire au revoir.

Nous nous mîmes en quête d'un endroit où prendre un café. Les rues, à cette heure matinale, étaient encore plus désertes que dans la journée et tous les magasins étaient fermés. Finalement, ils se résolurent à partir le ventre vide. Nous échangeâmes nos adresses assis sur des marches de pierre, près de l'hôtel. C'est à ce moment qu'un mystère nous fut révélé.

Un taxi remontait lentement la rue principale du village. Il avait l'air très chargé. Parvenu à quelques dizaines de mètres de nous, il s'arrêta. Les portières ne s'ouvrirent pas tout de suite. La voiture se balançait sur ses ressorts. Le chauffeur se tournait vers l'arrière, sans doute pour encaisser la course. Soudain, une porte s'ouvrit et nous vîmes descendre Ralf et Gunther. Nous tenions enfin le secret de leur perpétuelle avance…

Nuit romaine

AZEB est née en Éthiopie, dans une région de hauts plateaux où la chaleur du soleil est tempérée par l'altitude. Son pays a donné au monde quelques-uns des meilleurs coureurs de fond et toute la population est habituée à marcher. Quoiqu'elle vive en France depuis près de trente ans, Azeb n'y fait pas exception. Elle était tout à fait capable de suivre le Chemin tout entier. Cependant, moins fascinée que moi par le sujet, elle ne voyait pas de raison pour s'infliger pareille épreuve. Sa seule motivation était que nous puissions nous retrouver et marcher ensemble quelques jours. Voilà pourquoi nous nous sommes donné rendez-vous en Galice, pour parcourir les cent derniers kilomètres. Par commodité, nous avons choisi comme point de rencontre la ville de Lugo, relativement facile d'accès par le train. Nous ne nous doutions pas de ce qui nous y attendait.

Lugo, située sur une colline, est entourée de remparts romains qui atteignent dix à douze mètres de hauteur par endroits. Peu de cités au monde peuvent s'enorgueillir de telles fortifications, d'autant qu'à Lugo elles sont complètes et pratiquement intactes, justifiant le classement du site au Patrimoine mondial de l'Unesco.

Les habitants du lieu, pétris de références antiques, ont eu l'idée de célébrer chaque année une « fête romaine » qui se tient au mois de juin. Pendant ce week-end latin, chaque habitant est invité à s'habiller en Romain. Les costumes sont préparés avec soin tout le reste de l'année. Des participants venus des villes voisines et désormais de toute l'Espagne se joignent chaque année de plus en plus nombreux à la fête, en apportant eux aussi leur déguisement. Le résultat est une ville entièrement peuplée pendant deux jours de milliers d'hommes et de femmes tout droit sortis d'Astérix.

L'âme humaine étant ce qu'elle est, quand on donne à quelqu'un le choix pour se travestir en Romain, il est rare qu'il s'habille en esclave. Il s'imagine plus volontiers empereur. C'est donc une ville remplie de César et de Néron que j'abordai pour y retrouver ma femme. Car le hasard avait voulu que la fête romaine ait lieu précisément le jour que nous avions fixé pour notre rencontre.

Nous l'ignorions complètement. En franchissant les remparts par la porte Saint-Pierre, comme le roi Alfonse II l'avait fait lui-même en 829, je trouvai le lieu très pittoresque. Cependant, après avoir croisé ma cinquième Cléopâtre, je commençai quand même à me poser des questions. J'arrêtai un centurion et lui demandai des explications. Il me renseigna d'un air martial, tout à fait gagné par son personnage, et me salua le bras tendu.

Ma femme, quant à elle, préparée par ses lectures à se plonger dans le Moyen Âge, eut l'impression en descendant du train à Lugo de ne pas s'être arrêtée à la bonne station, dans la machine à remonter le temps.

Quand elle m'aperçut, sur la place du marché, elle n'y vit pas plus clair pour autant. Car un pèlerin n'est d'aucune époque. Cet être hirsute aux vêtements maculés, le visage émacié et les chaussures crottées, peut appartenir aussi bien à l'Antiquité romaine qu'au Moyen Âge et même au présent. Il est à la fois familier et méconnaissable. Après une embrassade timide au cours de laquelle j'ai pris conscience de ma crasse, nous nous sommes assis en plein air sous un marronnier et nous avons bu un Coca au milieu de joyeuses tablées de patriciennes légèrement vêtues et de joyeux sénateurs. Rome, c'est entendu, est admirée pour l'équilibre de ses monuments et l'éloquence de ses rhéteurs. Mais ces réminiscences scolaires sont occultées par une autre réputation qui parle à l'inconscient de tout le monde : c'est la cité des orgies et de la luxure. On sent bien, dès les premières heures de la fête romaine, que les toges et les voiles ne vont pas tenir toute la soirée. La plupart des empereurs ont un verre à la main dès avant la tombée du jour. Et le succès de ces journées romaines tient surtout à la chaleur de leurs nuits.

Malgré le bonheur de nous retrouver et le désir que nous ressentions nous aussi, décuplé par ma longue absence, nous ne parvenions pas à être aussi détendus que les Caligula qui nous entouraient. C'est que, pendant ces premiers moments de retrouvailles avec quelqu'un qui est accoutumé à votre être d'avant, vous mesurez avec le plus d'acuité les changements que le pèlerinage a opérés en vous.

Ces décalages sont perceptibles dans tous les domaines. C'est, bien sûr, sur le plan psychologique qu'ils sont le plus évidents mais aussi le plus attendus. Le pèlerin n'a pas la même notion du temps que le nouvel arrivant. Celui-ci lui paraît agité, impatient, tandis qu'il donne de lui-même une image de mollesse et de relâchement. Tout cela est assez superficiel, malgré tout. Le pèlerin sent que le jour où il reprendra sa vie d'avant, ces effets du Chemin disparaîtront. Il y a, en revanche, un domaine dans lequel la transformation est plus profonde et plus durable. C'est pourtant un sujet d'apparence mineure : il s'agit du sac à dos.

Pour le nouvel arrivant sur le Chemin et d'autant plus qu'il n'entend pas en parcourir une très longue portion, le sac à dos est simplement… un sac à dos. Pour le pèlerin déjà attendri par une longue marche, le sac à dos c'est le compagnon, la maison, le monde qu'il transporte. En un mot, c'est sa vie. À chaque pas, les bretelles l'ont enfoncé dans sa chair. Ce fardeau fait partie de lui. S'il le pose, c'est sans jamais le perdre des yeux.

La désinvolture avec laquelle le nouveau marcheur fourre dans son sac des objets variés et souvent superflus, sans penser ni à leur volume ni à leur poids, provoque chez le pèlerin aguerri un effroi proche de l'épouvante. C'est que, au fil des étapes, le marcheur a appris à peser, au propre comme au figuré, chacun des éléments qui composent son barda.

Avant le départ, j'étais tombé un peu par hasard sur des sites internet consacrés à la « marche ultralégère » ou MUL. Je devais rapidement découvrir qu'il ne s'agissait pas seulement pour les responsables de ces sites de prodiguer des conseils techniques. Leur approche était plus globale, plus ambitieuse, et se présentait presque comme une philosophie. L'axiome central de la pensée MUL tient en une phrase : « Le poids, c'est de la peur ».

Pour les adeptes de cette démarche, l'essentiel consiste à méditer sur la notion de charge et, au-delà, sur le besoin, sur l'objet, sur l'angoisse qui s'attache à la possession. « Le poids, c'est de la peur. » En partant de là, chacun est amené à réfléchir. Un pull-over : c'est nécessaire. J'en emporte deux : pourquoi ? De quoi ai-je donc si peur ? Le froid est-il vraiment menaçant ou est-ce mon inconscient qui, sur ce sujet, pèse de tout le poids de mes névroses ?

Les sectataires du mouvement MUL vont loin dans leur volonté de se déprendre de toute crainte irrationnelle. Leurs sites fourmillent d'inventions ingénieuses permettant à un seul objet de répondre à plusieurs besoins (réels). On trouvera ainsi des capes de pluie transformables en tente, des sacs de couchage convertibles en veste duvet, un tapis de sol utilisé comme paroi de sac à dos. L'ingéniosité des bricoleurs leur fait découvrir des solutions originales pour convertir une canette de bière en réchaud ou fabriquer un sac à dos avec un filet pour stocker les balles de tennis. On trouve sur le site des chargements types, élaborés en fonction de la durée de la randonnée et du climat. On apprend ainsi comment circuler cinq mois avec six kilos et demi sur le dos, bivouaquer en moyenne montagne sans emporter plus de quatre à cinq kilos ou traverser l'Islande pendant dix-sept jours en autonomie complète sans porter plus de quinze kilos.

J'avais regardé ces sites avec curiosité et un peu de condescendance, je l'avoue, pour ce qui m'apparaissait comme une lubie minimaliste un peu folklorique. J'y avais quand même pêché quelques idées et je m'étais cru malin en ricanant sur mes peurs, à mesure que je bourrais mon sac de tee-shirts et de chaussettes.

Mais, dès que je me suis engagé sur le Chemin, tout a changé. Le sac à dos, auquel les Espagnols donnent le joli nom de *mochila*, est devenu pour moi comme pour tout Jacquet le compagnon de chaque instant. Ce compagnon revêt deux formes distinctes, opposées et contradictoires. Ouverte, la *mochila* déploie ses trésors. Sur le tapis de sol de la tente ou le plancher d'une chambre d'hôtel, tout ce dont on peut disposer est là. Se changer, se soigner, se laver, se divertir, s'orienter : toutes ces fonctions sont assurées par des objets tirés de la *mochila*.

Mais, au petit matin, quand il faut repartir, ce désordre doit pouvoir tenir en entier dans le sac sans trop l'alourdir.

À cette contrainte générale s'est ajoutée pour moi une douleur lancinante du dos, séquelle d'un ancien traumatisme qui devait se conclure, quelques mois plus tard, par une intervention chirurgicale. La hernie discale qui me comprimait une racine nerveuse agissait comme une sonnette d'alarme, chaque fois que je saisissais mon sac par une bretelle, pour l'ajuster sur mon dos. L'obsession du poids prit donc rapidement un caractère tyrannique. À chaque étape, je considérais, cette fois avec sérieux, les objets que je transportais, en me demandant honnêtement s'ils étaient indispensables. Le pèlerin lancé dans un tel examen a à sa disposition deux outils précieux : les poubelles et les bureaux de poste. Dans les premières, il dépose ce dont il veut se défaire quand l'objet en question est de peu de valeur. S'il y tient, il peut les placer dans un paquet et se les envoyer à lui-même. C'est ainsi que j'ai trouvé en rentrant la batterie de cuisine et le réchaud de montagne dont je m'étais bien inutilement encombré, dans un pays où le *menu del día*, copieux et à prix réduit, semble figurer parmi les droits universels de l'homme.

Ce dépouillement progressif, cet effeuillage de la *mochila* s'est poursuivi tout au long des étapes. La réflexion sur mes peurs a cessé d'être un sujet de plaisanterie : j'ai pris l'affaire avec gravité. J'ai découvert par exemple que j'étais victime d'une crainte très irrationnelle du froid (au point de traîner pendant tout le voyage, faute de solution alternative, un sac de couchage pour la haute altitude, totalement inadapté à ce début d'été espagnol). En revanche, j'étais délivré jusqu'à l'inconscience de toute angoisse concernant la faim et la soif. Il est vrai que je ne mange jamais pendant les courses en montagne et que je fonctionne comme un vrai chameau, à rebours de toutes les recommandations médicales.

Sans entrer plus avant dans ces détails à résonance psychanalytique, je dirai également que je suis extrêmement sensible aux odeurs axillaires, toujours muni de déodorant et de tee-shirts de rechange tandis que je supporte assez bien de ne pas me laver les pieds. Ces détails, j'en ai conscience, peuvent au mieux susciter votre désintérêt, au pire votre dégoût et je ne poursuivrai pas sur ce sujet. Qu'il me soit seulement permis de dire que ces constatations sont des portes ouvertes sur l'inconscient et que chacun, s'il se livre à cet examen de lui-même, en tirera certainement profit…

Quoi qu'il en soit, à mesure que le Chemin s'allonge, la *mochila* maigrit et atteint une forme d'équilibre frugal qui touche à la perfection.

Le choc est d'autant plus rude lorsqu'on est tout à coup rejoint par quelqu'un qui n'a pas encore procédé à cet apurement. Quand ma femme, avec un désarmant sourire, a prononcé la phrase suivante : « Au fait, je n'ai pas eu le temps de trier ma trousse de maquillage avant de partir et je l'ai mise telle quelle dans mon sac », j'ai cru tomber à la renverse.

Tout le talent des fabricants de cosmétiques tient, on le sait, à l'art avec lequel ils savent enfermer un doigt de fond de teint dans un flacon de verre aux parois si épaisses que son contenu apparaît à peine. Un instant, j'eus la tentation de renvoyer ma chère compagne à l'examen de ses peurs, mais finalement je préférai me réjouir de ce qu'elle disposât des moyens de rester belle et je fourrai la trousse obèse dans ma maigre *mochila*.

Égarements

Lugo est proche du terme du voyage. Il reste peu d'étapes jusqu'à Saint-Jacques et le Chemin rejoint, sur ce dernier tronçon, le fameux *Camino Frances*, l'autoroute des pèlerins, la voie la plus fréquentée et la plus directe, sur laquelle s'élancent des centaines de personnes chaque jour. Je craignais cette rencontre et ne me résolvais pas à quitter les solitudes du Chemin du Nord. Ma femme, qui me rejoignait pour ces derniers jours, allait à peine les connaître. Il était vraiment dommage de la faire plonger tout de suite dans la foule du Chemin français. C'est pour éviter ce désagrément ou, à tout le moins pour le retarder, que je me livrai à ce qui est chez moi un vice dangereux. J'ai beau le savoir, le plaisir est trop fort et je ne parviens pas à résister : j'aime les raccourcis. Toute ma famille connaît les ravages qu'a pu occasionner ce penchant coupable. Sous prétexte de faire gagner un peu de distance, de découvrir un nouveau paysage ou – plus hypocrite encore – d'économiser du temps, j'ai entraîné mes proches ou mes amis dans de prétendus raccourcis qui se sont souvent révélés plus longs et plus difficiles, voire carrément cauchemardesques. À titre personnel, ces déboires ne m'affectent pas. Pour moi, le raccourci c'est l'aventure et, quoi qu'il advienne, le bonheur. Pour ceux qui me font confiance et s'engagent à ma suite, ces péripéties sont souvent beaucoup moins drôles. Ils prennent soudain conscience que celui qu'ils suivaient sans angoisse sur un chemin est capable de s'égarer complètement. Continuer à afficher sa bonne humeur dans ces circonstances ne sert à rien. Vous entendre chanter quand le sentier a disparu et qu'on se taille un chemin dans les ronces a seulement comme effet de vous faire prendre pour un fou.

C'est donc en pleine connaissance de ce défaut que je proposai à ma femme en quittant Lugo d'emprunter une variante du Chemin. Je ne prononçai pas le mot de variante, encore moins celui de raccourci : l'un et l'autre l'auraient alertée. Je parlai seulement de deux possibilités et je prétendis opter pour la plus intéressante.

Nous partîmes donc sur une branche du Chemin dont j'avais entendu parler par mes anciens compagnons, la Slovaque et le Belge. Ils m'avaient montré sur une carte le point de départ et le point d'arrivée de cette variante et m'avaient assuré qu'elle était bien balisée.

Son principal mérite était de nous faire rejoindre le Chemin français sur une seule et ultime étape. Il faisait très chaud quand nous nous mîmes en route. Azeb était encore pleine d'énergie. Le lent défilement des kilomètres ne l'avait pas encore usée. Elle en était au stade où la distance étalon, ce fameux et entêtant « kilomètre », lui paraissait courte. « Déjà un kilomètre ! » Tel est le cri du marcheur novice. Tandis que, pour le pèlerin aguerri, le refrain assourdi, décourageant, serait plutôt : « Il n'en finit pas, ce kilomètre ! »

Le beau temps enrobe le drame comme la boulette de viande dissimule le poison. Le ciel bleu sans nuage, la terre blonde de blé ras, les boules d'ensilage avec leurs plastiques blancs et noirs posés sur le damier des champs, les jolies courbes du ruban de bitume, tout concourait à rendre le paysage débonnaire et rassurant. Je nous engageai sur la variante sans montrer ma légère appréhension. Au début, tout alla pour le mieux : des flèches jaunes à intervalles réguliers, des bornes à coquilles témoignaient de ce que mes compagnons avaient dit vrai : la variante était balisée. Hélas ! Après quelques kilomètres, le marquage devint moins clair. Je ne laissai pas paraître mon trouble et, avec un air viril et compétent, j'indiquai sans hésitation la direction à prendre. Elle nous fit aboutir dans une cour de ferme où deux molosses littéralement déchaînés nous accueillirent toutes dents dehors. Azeb, qui n'a vraiment peur de rien dans la vie sauf des chiens, fit demi-tour en courant. Je la suivis et minimisai l'incident : une faute d'inattention.

Au premier embranchement, je choisis une nouvelle direction. Il fallut vite me rendre hélas ! à l'évidence : aucun signe jacquaire par là non plus, des croisements incertains, des chemins tous semblables et aucun amer à l'horizon pour nous orienter. Nous étions bel et bien perdus.

Quelle que fût mon assurance, un certain désarroi était perceptible dans mon attitude. Ma femme, qui me connaît bien, ressentit les premières alertes d'un mal connu : « Tu as encore pris un raccourci ? » me dit-elle, sur le ton navré qu'on emploie pour déplorer la rechute d'un alcoolique. À ma réponse embarrassée, elle conclut logiquement que, une fois de plus, et ceci dès le premier jour de marche, je l'avais embarquée dans une galère.

Je tentai de faire défiler à la barre quelques témoins pour ma défense. Je sortis une carte, tripotai ce qu'il restait du guide dont j'avais déchiré la plus grosse partie au fil du chemin. Ces gesticulations masquaient mal la réalité : nous ne savions pas où nous étions. À cette heure de midi il n'y avait pas âme qui vive sur le chemin et les hameaux étaient déserts. La soif commençait à nous tenailler. Finalement, nous parvînmes à un croisement. Une route goudronnée et, sur une borne, le nom d'un village digne d'être répertorié sur la carte. Hélas ! Il était situé sur le Chemin français et, en forcené que je suis dans ces cas-là, je tenais à ma variante. En faisant preuve d'une éloquente mauvaise foi, je parvins à convaincre Azeb de partir dans l'autre direction. Nous rejoindrions par là le bourg situé sur la variante dans lequel j'avais prévu de dormir. Malgré sa méfiance, elle accepta et nous nous élançâmes dans l'ombre très relative du bas-côté. La route était droite, un faux plat interminable.

Les arbres, d'abord fournis, se clairsemèrent et bientôt plus rien ne nous protégeait du soleil à son zénith. Mon premier mensonge fonctionna : je prétendis que, en haut de la côte, on ne tarderait pas à apercevoir le village où nous devions passer la nuit. Mais, en haut de la côte, on ne découvrait qu'une autre côte. Pas une maison aux alentours, des champs monotones, roussis par le soleil. Les malheurs, on le sait, vont en troupe : à notre égarement et à la chaleur s'ajouta bientôt la soif car je n'avais pas pris assez d'eau. L'intention était louable : ne pas charger davantage les *mochila*. La conséquence, une fois la dernière goutte bue, fut d'installer immédiatement entre nous angoisse et mauvaise humeur. En haut de la troisième côte, j'étais à court de mensonges et nous avions épuisé l'eau depuis longtemps. L'orage éclata, pas celui du ciel, qui nous aurait rafraîchis. Un orage plus terrible, de l'espèce conjugale.

Je n'étais qu'un incapable. Pourquoi refusais-je de suivre le chemin normal ? On ne pouvait pas me faire confiance, etc.

D'un coup, toute mon expérience de pèlerin s'effondra. Le plus affreux dans cette erreur était non seulement qu'elle nous avait égarés mais aussi qu'elle portait le discrédit sur tout mon voyage. Quoi que je puisse en dire, ma brillante démonstration d'incompétence montrait que je ne restais qu'un amateur.

Nous eûmes en bordure de route une explication violente. Je craignis un instant que les bâtons de marche dont ma compagne s'était munie ne fussent utilisés pour m'estourbir. Finalement, je parvins à la faire renoncer à rebrousser chemin. J'obtins que nous continuions, à la condition de faire de l'auto-stop tout en marchant. C'était une faible concession car il ne passait presque personne à ces heures chaudes. Nous reprîmes donc notre marche avec, pour seule consolation, nos pouces levés. Deux voitures passèrent à fond de train, sans s'occuper de nous. Il n'y avait toujours pas de village en vue. Enfin, au bout d'un long moment, nous vîmes apparaître à l'horizon de la route derrière nous un véhicule très lent qui s'avéra être un camion. Miracle, il s'arrêta. L'habitacle était petit et les deux hommes qui l'occupaient se poussèrent pour que nous puissions monter en prenant nos sacs sur les genoux. Nous étions sauvés. Cependant, assez vite, nous fûmes gagnés par une nouvelle inquiétude : à chaque virage, le camion tanguait dangereusement et nous entendions un bruit de cavalcade, des chocs sourds et précipités venus de l'arrière. Le chauffeur était agrippé à son volant et tenait péniblement le cap en imprimant de larges mouvements à la direction. Rassemblant assez d'espagnol pour me faire comprendre en quelques mots, je demandai à l'équipage ce que transportait le petit camion.

— Trois taureaux.

Les pauvres bêtes, prises de panique à chaque virage, battaient des sabots de tout leur poids sur le plancher du camion.

Cette révélation nous laissa silencieux. Nous comprenions mieux les efforts faits par le chauffeur pour tenir son cap malgré l'agitation furieuse de ces bêtes d'une tonne. Le paysage défilait lentement. Il était magnifique mais révélait surtout une évidence : si nous avions poursuivi à pied, il nous aurait fallu de longues heures de souffrance pour parvenir enfin à destination. Le bourg où nous allions était d'ailleurs plus grand que prévu et nous aurions encore mis longtemps pour le traverser.

Enfin, nous nous arrêtâmes sur la place centrale. Les taureaux saluèrent notre arrivée par une dernière salve de coups de sabots, nous éclairant au passage sur les origines possibles du flamenco. Quelques hommes assis sur des bancs à l'ombre nous regardèrent descendre et nous tâchâmes, malgré les circonstances, de conserver un semblant de naturel, voire de dignité. L'énorme camion redémarra avec ses bovins. Nous étions sauvés.

Le Chemin français

J'AVAIS réservé dans la seule pension que comptait la petite ville. Elle était située au-dessus d'un café. Le patron nous conduisit jusqu'à notre chambre. C'était un étouffant réduit meublé d'un grand lit défoncé et d'une armoire à l'agonie. Dès que le cafetier fut redescendu, nous nous précipitâmes pour ouvrir grand la fenêtre. Et là, après la soif, l'égarement et les taureaux, nous attendait l'ultime surprise, celle qui devait faire vaciller pour de bon notre courage : elle donnait sur un mur. Il était situé à environ trente centimètres. On aurait tout aussi bien pu empiler des parpaings sur la fenêtre, comme dans les maisons insalubres ; ils n'auraient pas laissé passer moins de lumière ni moins d'air.

Nous nous assîmes sur le lit, chacun de son côté. À cet instant, je découvris la forme suprême de solitude que peut éprouver le pèlerin. C'est celle qu'il ressent quand il est deux et que l'autre n'est pas encore habitué au Chemin.

J'osai une dernière défense :

— Ça aurait pu être pire, hasardai-je.

Azeb tourna vers moi un regard épuisé.

— … nous aurions pu dormir dehors.

Elle haussa les épaules et nous partîmes d'un fou rire. Saint-Jacques avait mesuré notre détresse et il nous envoyait sa grâce.

*

Cet égarement eut pourtant du bon. Il donna aux dernières étapes du Chemin un caractère sauvage qui nous évitait la foule. Car l'approche de Santiago par l'itinéraire classique modifie l'ambiance du pèlerinage. Les marcheurs persévérants et venus de loin sont peu à peu noyés parmi les ouvriers de la dernière heure, ceux qui, en car, en avion, en stop, en train ou en soucoupe volante, veulent tout de même faire les derniers kilomètres à pied et entrer à Compostelle comme de vrais Jacquets.

Nous n'avions pas à craindre cette bousculade sur notre variante déserte. Pour éviter de nous perdre de nouveau, nous dûmes préparer soigneusement l'itinéraire sur une carte. Azeb, qui m'avait fait confiance une fois à ses dépens, insista pour que je lui montre chaque matin ce qui l'attendait. Faute d'un balisage précis, nous eûmes recours à la sécurité des routes qui, heureusement, sont vides ou presque dans ces régions. Nous traversâmes d'interminables bois d'eucalyptus odorants qui rappelaient l'Éthiopie. Nous nous perdîmes une seule fois et cherchâmes longtemps dans un village désert une âme qui vive, susceptible de nous orienter. Finalement, nous l'avons trouvée dans le petit cimetière qui jouxtait l'église. Deux ouvriers maçonnaient un caveau. Ils sortirent de terre, au moment où nous n'espérions plus rien, et se relevèrent d'entre les morts pour nous montrer la voie.

Une des seules personnes que nous rencontrâmes sur ce chemin perdu fut le pèlerin haut-savoyard que j'avais croisé en Cantabrie. Il n'avait évidemment pas manqué cette occasion de s'égarer. Nous le vîmes d'abord passer en sens inverse dans un camion, puis revenir jusqu'à nous de sa démarche bancale. Il avait pris de l'avance, mais un pèlerin rencontré en route l'avait persuadé qu'il s'était trompé de direction. Il avait donc fait du stop, était revenu dix kilomètres en arrière… avant de s'apercevoir qu'il était bien sur la bonne route. Et maintenant, il revenait sur ses pas.

Notre itinéraire nous amena finalement à un point connu, le beau monastère de Sobrado. Son église abbatiale est un petit Saint-Jacques miniature. Le monastère n'était pas encore tout à fait situé sur le Chemin principal, mais il en constitue une variante classique, beaucoup plus fréquentée que la nôtre. Quand on l'atteint, on se sent déjà un peu arrivé. L'atmosphère y est bon enfant, joyeuse. Nous allâmes assister aux vêpres, dans une salle aux murs couverts de boiseries modernes en chêne blond. L'ambiance n'était plus aux sombres autels baroques des sanctuaires de l'intérieur. Les dortoirs étaient occupés en majorité par de très jeunes gens, des amoureux pour la plupart, qui gloussaient et chuchotaient en riant. La trompe nasale du Savoyard retentit dès l'extinction des feux, et déclencha des rires excités de gamines, autant de prétextes sans doute à papouilles dans l'obscurité.

J'avais repéré, en allant acheter des fruits au village le soir, la forte Autrichienne que j'avais croisée au Pays basque. Elle s'était séparée de ses copines et avait l'air de bien s'amuser en compagnie de deux garçons. Boucles d'oreille, tatouage et blousons à clous, ils semblaient tout droit sortis d'une *rave party*. Ses nouveaux camarades, la proximité de Saint-Jacques et les gros pétards qu'elle fumait concouraient à rendre mon Autrichienne rayonnante. J'en fus heureux pour elle.

Nous quittâmes le monastère à regret le lendemain matin parce qu'il était beau, gai et parce que, désormais, nous allions rejoindre le Chemin des foules sans pouvoir nous en échapper. C'était en quelque sorte notre adieu à la solitude. Nous abordions une ultime étape : celle de Compostelle avec ses avant-postes, ses redoutes, ses défenses et son cœur. Car, depuis longtemps, Santiago n'est plus un village, le petit périmètre d'une basilique construite autour des reliques du saint. C'est devenu tout un monde, une vraie ville, et sa présence se fait sentir de loin.

Nous rejoignîmes le Chemin français dans un petit bourg. La sente étroite sur laquelle nous marchions déboucha tout à coup sur un large sentier, usé de pas. Pourtant, à notre grande surprise, il n'y avait personne.

Nous empruntâmes le fameux et redouté Chemin, en suivant des coquilles qui nous semblèrent plus grandes, ce qui était probablement une illusion. Au bout de quelques centaines de mètres, nous nous sentîmes à la fois soulagés et déçus. Soulagés parce que rien n'avait véritablement changé, déçus parce que nous nous attendions à plus d'animation. Bientôt, la raison de ce calme nous apparut : nous n'étions pas à l'heure. Sur le Chemin français, les marcheurs sont si nombreux et les places d'auberge si précieuses que tout le monde se précipite le matin, afin d'être parmi les premiers à l'étape. Sur notre *Camino del Norte* tranquille, nous n'avions pas connu cette lutte pour les lits ni la course pour doubler les autres à l'arrivée, ni la ligne des sacs à dos posés devant la porte de l'auberge en attendant que l'hospitalier enregistre les pèlerins. Car, dans le monde impitoyable du Chemin français, la place des *mochila* dans la file indique l'ordre dans lequel les Jacquets seront reçus.

La voie royale du pèlerinage est victime de son succès, en particulier à l'approche de Compostelle. Partout ailleurs, sur les autres chemins, les pèlerins, en petit nombre, disparaissent dans le paysage. Sur le Chemin français, ils sont au premier plan. L'environnement s'est adapté à eux. Des publicités leur sont destinées ; des lieux de ravitaillement ou d'hébergement d'une taille considérable les accueillent ; des boutiques vivent de cette clientèle, nombreuse à défaut d'être prodigue. L'ingéniosité des marchands du Temple est, on le sait, sans borne. Dans ces régions pauvres, ils ont su tirer parti de la présence des pèlerins, en proposant des gammes de services ingénieuses qui leur sont destinées. Ainsi la Mochila-Express. Ce système de taxi pour les bagages permet aux marcheurs de se délivrer de leur sac à dos et de le retrouver à l'étape.

C'est en découvrant l'existence de la Mochila-Express que nous eûmes l'explication d'un phénomène qui nous avait frappés, dès notre arrivée sur le Chemin français. Les rares pèlerins que nous y avions rencontrés, à cause de l'heure déjà tardive, n'avaient sur le dos que de tout petits sacs de promenade, à peine remplis. Nous avions d'abord admiré l'extrême frugalité de ces voyageurs sans bagage. Cependant, un détail nous intriguait. S'ils portaient sur eux à peine plus que le minuscule baluchon des *sadhus* indiens, ils étaient vêtus avec élégance et propreté. Nous y avions d'abord vu un miracle, avant de comprendre qu'il s'agissait simplement de l'heureux effet de la Mochila-Express : si ces marcheurs n'avaient rien sur le dos, c'était que leur chargement les attendait à l'arrivée.

Sur le Chemin français, la différence entre pèlerins riches et pèlerins pauvres, entre humilité et *business,* est plus apparente encore qu'ailleurs. Je n'irai pas jusqu'à dire que l'Évangile avait prévu cette contradiction. Cependant, pour comprendre l'étrange destin de Saint-Jacques, il faut se rappeler l'incident qui opposa Jésus à la mère de son disciple.

La femme de Zébédée le pêcheur, mère de Jean et de Jacques, était allée voir le Christ pour lui demander une faveur : elle sollicitait le Messie afin que, au royaume des cieux, ses deux fils siègent à ses côtés. Cela lui avait valu un commentaire assez acide de la part de Jésus. Il avait rappelé à l'ambitieuse que le sacrifice de ceux qui le suivaient ne devait pas être consenti en vue d'obtenir des avantages futurs. Cet épisode n'est, en quelque sorte, pas terminé. Saint-Jacques continue d'inspirer deux attitudes : l'une, humble et désintéressée, est celle des pèlerins solitaires et misérables qui arpentent l'Europe pour le rejoindre, en son repaire de Compostelle. Les privations et l'humiliation sont leur lot quotidien. Ils les supportent parce qu'elles les aident à atteindre un objectif spirituel, quelle qu'en soit la forme. D'autres, au contraire, plus fidèles en cela à la mère de Jacques qu'à son apôtre de fils, cherchent dans le pèlerinage une rétribution. Ce qu'ils veulent, c'est un peu de la puissance et de la gloire qui s'attachent au roi des cieux et à ses serviteurs…

Les nouvelles technologies sont appelées à la rescousse à chaque époque pour se mettre au service de ceux qui veulent un pèlerinage de confort. Cela produit parfois des résultats étranges.

Ainsi, en traversant un bois de pins avons-nous eu la surprise d'entendre une voix publicitaire tomber du ciel et nous vanter les charmes d'une auberge privée située à deux kilomètres et proposant des chambres luxueuses. Il n'y avait aucun taillis dans ce bois, seulement les troncs rectilignes des pins et, au sol, un tapis d'aiguilles rousses. Personne ne pouvait se dissimuler dans ce décor. Nous étions seuls. C'est alors, en revenant sur nos pas, que nous découvrîmes le secret de ce mystérieux message. Une cellule photoélectrique avait été disposée sur deux troncs entre lesquels passait le Chemin. En marchant, les pèlerins coupaient le faisceau lumineux et déclenchaient un haut-parleur attaché à une branche.

Nous n'eûmes pas à supporter longtemps ces désagréments car, déjà, c'était Compostelle. Avant même de voir la ville, nous rencontrâmes ses célèbres avant-postes, lieux d'excitation et de délivrance dont les noms magiques font rêver les pèlerins depuis le Moyen Âge, le Monte del Gozo, Lavacolla, la porte du Camino.

Dernières épreuves

LAVACOLLA, comme son nom l'indique, est le lieu où les pèlerins, sur le point d'atteindre le sanctuaire, procédaient jadis à de grandes ablutions. Quelques ruisseaux ménagent des trous d'eau dans lesquels il devait être possible de se laver au moins les pieds et peut-être un peu plus. Il ne paraît guère probable que ces installations naturelles puissent permettre une toilette approfondie à la mesure de la saleté que le Chemin avait déposée sur la peau des malheureux marcheurs. Mais, enfin, c'était mieux que rien et en tout cas suffisant pour que les Jacquets se sentent présentables. De toute manière, c'est leur âme qu'ils venaient soumettre à la bienveillance de l'Apôtre et, elle, le Chemin l'avait nettoyée en profondeur.

Lavacolla, aujourd'hui, est le site de l'aéroport de Saint-Jacques-de-Compostelle. Des avions gros porteurs y déposent en troupe des pèlerins du monde entier mais qui jugent inutile ou impossible pour eux de venir en marchant. Le trafic de l'aéroport est tel qu'il a fallu allonger la piste (ou en ouvrir une nouvelle). En tout cas, un immense remblai, à peine terminé quand nous y passâmes, domine le Chemin. Toute une installation de balises rouges et blanches, de phares puissants destinés à signaler la piste et de grillages surplombe l'étroite gorge encombrée de broussailles, dans laquelle se glisse le sentier des pèlerins.

Si, dans les landes asturiennes, le Chemin était imprégné d'une spiritualité abstraite, détachée de toute religion et que j'ai qualifiée, faute de mieux, de bouddhiste, à l'approche de Santiago il est de plus en plus marqué par les symboles et les valeurs chrétiennes et même plus précisément catholiques.

À Lavacolla, par exemple, c'est la dimension d'humilité du christianisme qui s'impose. Le pèlerin minuscule, recru de fatigue, marche au milieu des fourrés, tandis que des engins monstrueux, bulldozers, pelles mécaniques, camions-bennes, déversent jusqu'au bord de son Chemin la terre grasse du nouveau remblai. Au-dessus de lui passe en vrombissant la masse d'acier rutilant des quadriréacteurs venus de l'autre côté des océans. Le marcheur se sent infiniment petit sous le ventre de ces monstres. La tradition qu'il perpétue pas après pas lui semble dérisoire, hors du siècle et dépourvue de sens pour toutes les personnes raisonnables, celles qui se rendent à Compostelle par les airs. Et pourtant, d'une façon éminemment chrétienne, l'âme minuscule, insignifiante, écrasée du pèlerin est gonflée d'orgueil. Car il apporte à l'Apôtre une chose infiniment précieuse dont les voyageurs du ciel sont dépourvus : sa souffrance, son temps, son effort, la négligeable et sublime preuve de sa dévotion, ces millions de pas accomplis par tous les temps et sur les plus durs chemins pour arriver jusque-là.

Je me souviens d'un port, en Cantabrie, Castro Urdiales, que j'avais atteint au bout d'une semaine de marche pénible. Un couple de Français avait lié conversation avec moi dans un restaurant. Nous avions découvert qu'eux comme moi étions partis du même point : Hendaye. La différence — car ils voyageaient en voiture — était qu'ils avaient quitté cette ville… deux heures avant. Ce fut ma première expérience du curieux sentiment qui habite le pèlerin : être un infiniment petit et chérir cette humilité, au point d'y voir presque un péché d'orgueil.

Après les ruisseaux de Lavacolla, le Chemin monte doucement dans les eucalyptus. La prochaine étape annoncée, plus lointaine qu'on ne le croit, est le célèbre Monte del Gozo. C'est le mont de la Joie parce que, à son sommet, on découvre au loin les toits rouges de Compostelle.

Inconsciemment, le marcheur presse le pas. Il croit à tout instant arriver au sommet de la côte. Mais ce n'est pas encore là. Il repart, s'épuise, désespère. En attendant, il rêve et imagine que ce fameux sommet est un belvédère alpin d'où l'on embrasse tout le paysage jusqu'à l'horizon. Quand, enfin, en nage et presque découragé, il atteint le haut du fameux mont, il cherche en vain la joie. Car le lieu est loin d'être grandiose.

C'est une colline morose, plantée de hauts arbres qui cachent la vue. On aperçoit quelques toitures au loin, entre leurs feuilles, mais rien de spectaculaire. Au flanc du Monte del Gozo, un immense refuge, à la taille des foules qui marchent sur le Chemin français, constitue une halte très fréquentée.

Surtout, un monument gigantesque a été érigé au point culminant. Il est une règle qui ne souffre pas d'exception : chaque fois qu'un projet artistique est soumis à l'arbitrage d'un grand nombre, la banalité et la laideur prévalent. La collégialité, en matière artistique, c'est l'eau tiède. On peut être certain que beaucoup de gens ont été consultés pour l'érection de la statue qui orne le Monte del Gozo car il est difficile de concevoir plus laid, plus prétentieux et plus décourageant. On pourrait considérer que c'est un chef-d'œuvre, à condition de le faire concourir dans un genre bien particulier : celui du kitsch catholique.

Ce monument a au moins un mérite : au pèlerin qui avait pu, pendant sa longue marche, rêver d'un retour au Moyen Âge et imaginer que le sanctuaire en serait l'apogée, il fournit un clair démenti. C'est bien au XXIe siècle que l'on est. Compostelle n'est plus la simple grotte au fond de laquelle ont été découvertes des reliques. C'est une métropole d'aujourd'hui, avec ses monuments hideux, ses grandes surfaces et ses voies rapides. Arriver à Santiago, ce n'est pas rejoindre les temps antiques mais au contraire revenir brutalement et définitivement au présent.

Les pèlerins à vélo, que l'on avait croisés de loin en loin, semblent se concentrer au Monte del Gozo et c'est au milieu du peloton que l'on entame l'ultime descente vers la ville. Autant, sur le Chemin, la bicyclette m'était apparue comme un instrument superflu voire déplacé, autant, à l'approche de Saint-Jacques, elle se révélait utile et très adaptée car l'entrée dans la ville est un calvaire pour le marcheur. La cité supposée accueillir les pèlerins semble avoir donné une complète priorité aux voitures, aux autocars, aux camions et autres engins motorisés.

Il est toujours étrange de penser que des gens vivent à longueur d'année dans des lieux de pèlerinage. Lorsqu'on évoque La Mecque, par exemple, on a à l'esprit l'image de la Ka'ba autour de laquelle tourne la foule. Et il paraît curieux, voire incongru, d'apercevoir sur certaines photos des immeubles d'habitation avec des baies vitrées et des balcons qui donnent sur le sanctuaire.

La Compostelle rêvée, celle qu'on a eue le temps d'imaginer au long du Chemin, se réduit à la basilique et à la place de l'Obradoiro qui lui fait face. Mais, quand on s'approche de la ville véritable et qu'on y pénètre pas à pas, on se trouve d'abord en face de concessionnaires Volkswagen, de supermarchés, de restaurants chinois. Une foule autochtone, dans les rues, vaque à ses occupations, sans se préoccuper de l'Apôtre. Son nom figure sur les enseignes, mais il semble n'être qu'une spécialité locale, comme le nougat à Montélimar ou la bêtise à Cambrai. Et, finalement, lorsque l'on marche dans les rues avec son sac sur le dos et ses coquilles pendues dessus, on se sent aussi étranger que partout ailleurs.

Je me demande même – et je le comprendrais – si les gens du cru n'en ont pas un peu assez de côtoyer des pouilleux à coquille. En tout cas, ils ne leur prêtent aucune attention. Ils semblent même ne pas les voir. C'est peut-être d'ailleurs le signe suprême de l'arrivée : lorsqu'il est encore loin de Santiago et d'autant plus qu'il chemine dans des lieux où les pèlerins sont rares, le marcheur attire l'attention, suscite l'intérêt et parfois la sympathie. Quand il entre à Compostelle, il est devenu parfaitement invisible. On dirait qu'il a atteint l'état gazeux.

D'ailleurs, dans la ville de l'Apôtre, la présence des pèlerins est soigneusement canalisée. Elle se limite au long itinéraire balisé de coquilles qui s'enfonce vers la vieille ville. C'est peu de dire qu'il n'est pas accueillant. Cependant, si vous êtes parvenu à ne pas vous faire écraser en longeant des rocades à quatre voies, en coupant des échangeurs et en franchissant des viaducs sans trottoir, si vous avez réussi à traverser sans encombre un dernier boulevard circulaire, c'est décidément que l'Apôtre veille sur vous. Vous atteignez alors la Puerta del Camino et vous pénétrez enfin dans le quartier historique, le centre monumental.

Ne croyez pas pour autant que vous allez pouvoir goûter la joie sans mélange d'un retour poétique vers le passé. Car une maladie hautement contagieuse s'est répandue dans ces ruelles. Elle les défigure comme une lèpre, macule le front des maisons, s'insinue sous les porches, dans les impasses. Cette maladie, c'est la boutique de souvenirs. Il s'agit d'une activité commerciale très particulière puisqu'elle est vouée à la vente d'objets strictement inutiles. Ils doivent de surcroît être bon marché, faciles à transporter et très laids. Généralement fabriqués en Chine, ces colifichets s'inspirent de l'histoire locale dont ils reproduisent les symboles à l'infini. Inutile de dire que la coquille permet des variations *ad nauseam*. On la trouve sous forme de broche, d'écusson, de porte-clés, d'enveloppe de téléphone portable. Elle orne les sets de tables, les gobelets en plastique, les colliers de chien, les bavoirs pour enfant, les paillassons et les tabliers de cuisine. Avis aux amateurs, il y en a pour tous les goûts.

Le pèlerin marcheur, et surtout s'il vient de loin, se sent plus seul et plus étranger que jamais dans ces boyaux touristiques. Car la foule qu'il croise et qui se reconnaît elle aussi dans l'Apôtre, ne lui ressemble guère. Elle est constituée dans son immense majorité par des personnes que l'on qualifierait partout ailleurs de touristes et qui revendiquent pourtant ici le titre de pèlerin. C'est à eux, visiteurs solvables, que s'adresse principalement l'offre de babioles des boutiques de souvenirs. Ces touristes venus en avion ou en car n'ont en effet d'autre ressource, pour attester de leur éphémère qualité de pèlerins, que d'acheter quantité d'objets qui prouveront leur passage à Saint-Jacques.

Le pèlerin marcheur n'en a pas besoin car il dispose, lui, d'un privilège : il a droit à un diplôme, la fameuse *compostela*, délivrée très officiellement par la mairie. C'est souvent vers le bureau où elle s'obtient que se dirigent d'abord les nouveaux arrivants.

L'arrivée

DANS LA VIEILLE MAISON où l'on demande la *compostela*, les pèlerins se retrouvent entre eux. Là, plus de touristes, mais de vrais Jacquets. Certains ont eu le temps de passer à l'auberge et de se changer. D'autres sortent tout droit du Chemin et font la queue, le sac sur le dos. Car le précieux document se mérite et il faut patienter avant de l'obtenir. La troupe des pèlerins se presse à l'étage, où sont situés les comptoirs qui délivrent le document et la file déborde sur le palier, dans l'escalier et jusque dans l'entrée. Parfois même elle s'étire dans la cour. On entend des conversations dans toutes les langues. Au premier coup d'œil, il n'est pas possible de reconnaître quel Chemin chacun a parcouru ni d'où il est parti. Mais ceux qui ont emprunté des itinéraires rares, comme le Camino de la Plata, se chargent en général de le faire savoir, en livrant à haute voix des détails révélateurs. De même, ceux qui viennent de très loin ne manquent pas de le claironner. Pendant que j'attendais, une jeune fille, un peu plus bas de l'escalier, ne cessait de répéter très fort à son voisin « quand j'ai quitté Vézelay… ».

L'ambiance est assez froide, malgré tout, peut-être parce que les pèlerins appartiennent à deux catégories qui ne communiquent guère : les marcheurs et les cyclistes. On reconnaît ces derniers à leur maillot. Ils portent parfois jusque dans les bureaux leurs bizarres chaussures à cale-pieds. Ils sont bronzés, épilés et arborent sur le front des lunettes de soleil profilées. En les voyant à côté du marcheur au long cours, souvent hirsute et déguenillé, on a l'impression d'assister à la rencontre de Jean Valjean avec Alberto Contador.

Mais Saint-Jacques recouvre de son manteau de miséricorde toute cette humanité sans faire de distinction. À pied ou sur deux roues, tous repartent avec leur diplôme rédigé en latin.

L'employée qui le délivre – ce sont presque exclusivement des femmes – déplie devant elle la *credencial* du pèlerin sur laquelle, rangés sagement dans leurs cases, se dispose la troupe bariolée des tampons. Ce que chacun de ces timbres représente de sueurs et de pas, de froid et de faim, le marcheur est le seul à le savoir. Pour l'employée, ce sont des signes sans poésie, des preuves de parcours et elle ne les examine que pour savoir si le prétendant à la *compostela* a bien parcouru au minimum cent kilomètres (ou deux cents à vélo).

J'eus un instant de frayeur quand mon interlocutrice me déclara que je n'avais pas marché assez, au regard du règlement. Je bondis. Huit cents kilomètres ! Pas assez ? Elle avait seulement mal déplié l'accordéon fatigué de ma *credencial*. Enfin, justice me fut rendue et je quittai le bureau avec mon diplôme.

Sitôt obtenu, le papier tant désiré apparaît comme dérisoire, futile, encombrant même. Comment le glisser dans la *mochila* sans l'écraser ? Finalement, c'est en le tenant à la main que l'on remonte vers la place de la basilique.

Ces derniers mètres devraient être très émouvants. Tout est fait, hélas ! en sorte de les rendre odieux. Un joueur de cornemuse, aussi vigoureux qu'incompétent, a pour habitude de se placer sous le dernier porche qui mène à la basilique. Au moment où l'esprit voudrait se tendre tout entier vers ce moment ultime du pèlerinage, celui qui clôt définitivement le Chemin, les notes grêles de l'instrument agacent les dents et accaparent les pensées comme un prurit mal placé.

Sur dix personnes qui déposent des pièces devant le musicien, je parierais que cinq d'entre elles au moins ont la secrète intention de lui faire plier bagage. Il ne s'interrompt qu'à l'heure du déjeuner. Comme une torture n'est efficace que si elle est permanente, il cède malheureusement sa place à un guitariste chanteur encore plus calamiteux (mais qu'on entend de moins loin).

La place de l'Obradoiro, sur laquelle on débouche enfin, est le bout du voyage, le kilomètre zéro des bornes jacquaires. Elle est vaste, entourée de monuments majestueux et dominée par la haute façade de la basilique. Curieusement, bien qu'elle constitue le terme du Chemin, elle ne semble pas lui appartenir. Jour après jour, le marcheur a appris à connaître son vieux copain de Chemin. Il sait qu'il est humble, discret, bousculé par le monde moderne. Il ne la ramène pas, caresse en passant de vieilles maisons tout de guingois, dévale des pentes en charriant son content de boue. Le Chemin n'a pas d'orgueil, seulement de la fierté, pas de prétention, seulement de la mémoire. Il est étroit, sinueux et persévérant, comme une vie humaine. Tandis que la place de l'Obradoiro, par quoi il se conclut, est un lieu gonflé de puissance, fastueux et construit pour impressionner.

J'imagine que, aux premiers temps du Chemin, à l'époque du roi Alfonse, le voyage se concluait devant une grotte, au mieux un petit sanctuaire constitué de quelques pierres entassées autour des reliques du saint. Le terme du Chemin, en ce temps-là, devait être aussi modeste que lui. Tandis que, aujourd'hui, toutes les pompes de l'Église se déploient sur ce lieu d'arrivée. Les reliques du saint sont entourées d'une incroyable série d'enveloppes qui s'emboîtent les unes dans les autres, comme des pelures d'oignon. Elles sont déposées dans une châsse, la châsse dans une crypte qui appartient à la première basilique. Une cathédrale gothique emballe le tout. Elle est elle-même dissimulée par un fronton construit au XVIIIe siècle. Cet empilement d'œuvres d'art ne manque pas de beauté. Elle encadre le culte du saint, en déterminant toute une chorégraphie : les visiteurs sont ainsi appelés à circuler dans les travées, à descendre dans la crypte puis à gravir un escalier dans le chœur qui les conduit dans le dos d'une immense statue de Saint-Jacques. La tradition veut que chaque pèlerin entoure le saint de ses bras et lui donne par-derrière l'*abrazo*, une sorte d'accolade rituelle. Pour une raison qui m'échappe, je n'ai pas pu m'y résoudre. Il me semblait que cette vénération, supposée conclure mon voyage, aurait constitué une trahison de tout ce qui en avait fait l'essence. Je n'étais pas venu embrasser une idole en or, fût-elle sculptée à l'image d'un apôtre. Après m'être livré sans retenue à toutes les initiations physiques que le Chemin impose au pèlerin, je me refusai à cette ultime épreuve qui, cependant, est censée être une récompense. Je voulais bien donner au Chemin le sens concret qu'il avait pris en traversant vallées et villages, mais je souhaitais conserver à son but un caractère abstrait, symbolique et personnel. En un mot, j'avais fini par me faire de ce fameux Saint-Jacques une idée bien à moi, fraternelle et philosophique. Je ne tenais nullement à la remplacer par le contact froid d'une statue couverte d'or et usée par les mains de tous ceux qui, tout en se prétendant catholiques, avaient sacrifié en la touchant à un rituel qui me semble tout à fait païen.

Plus classique et plus orthodoxe, la grand-messe des pèlerins m'a aussi paru plus acceptable. Il faut suivre la règle du jeu : puisque l'Église s'est approprié ce pèlerinage qui, à mon avis, relève d'une spiritualité plus abstraite et plus générale, il faut laisser l'Église lui donner une conclusion. Loin du geste individuel et presque onirique des visiteurs serrant l'un après l'autre le saint dans leurs bras, la grand-messe des pèlerins est véritablement un moment de communion. C'est un creuset qui fait fondre les différences, les parcours, les épreuves de chacun pour en faire, le temps d'une oraison, un bel alliage au son pur.

La cérémonie se déroule dans une basilique comble. Ultime sujet d'énervement, les pèlerins motorisés, conduits par leurs agences de voyage et qui ne se sont donné la peine que de venir de leur hôtel, occupent toutes les places dans les travées. Les pèlerins-marcheurs, encombrés par leur sac à dos, sont repoussés sur les côtés, derrière les piliers, au seuil des chapelles latérales. Les derniers seront peut-être un jour les premiers ; en tout cas, pendant la messe des pèlerins, la hiérarchie est respectée et les pouilleux continuent d'être mis de côté.

Je réussis à me caler derrière une large colonne qui me bouchait la vue mais, en me contorsionnant, je pouvais apercevoir le chœur. Je remarquai dans la foule restée debout plusieurs visages croisés sur le Chemin, en particulier mon Haut-Savoyard, miraculeusement arrivé à bon port.

Enfin, le tonnerre des orgues retentit. Commença alors une messe grandiose, colorée par des lectures en diverses langues européennes. Des chants puissants étaient amorcés par une religieuse à la voix d'ange et repris par la foule dans une unité dont on ne l'aurait pas crue capable.

Enfin, car j'avais décidément beaucoup de chance, j'assistai au fameux allumage du *botafumeiro*. Il s'agit d'un encensoir géant, grosse marmite d'argent suspendue par une immense corde au plafond de la basilique. Rempli de myrrhe et d'encens puis allumé, l'énorme encensoir se met à fumer comme un feu de brousse. Six hommes s'emploient alors à lui imprimer un mouvement de balancier. La boule fumante va et vient dans le transept, à une vitesse, paraît-il, de soixante kilomètres à l'heure, répandant ses fragrances dans toute l'église. Au moment où il prend son envol, la religieuse entonne un cantique qui déchaîne l'enthousiasme de l'assistance. Le spectacle est parfaitement au point, après des siècles de réglage, et le moment est intense. Quand le *botafumeiro* reprend sa place et que le cantique s'achève, la multitude retombe, épuisée, vidée de ses humeurs, convaincue d'avoir vécu un grand moment. C'est véritablement la fin du pèlerinage.

Un Italien avec qui j'ai discuté en sortant de la cérémonie m'a livré un détail qui aurait pu rompre le charme. Il m'a raconté que, selon lui, la coutume du *botafumeiro* n'était pas religieuse mais plutôt sanitaire. Au Moyen Âge les pèlerins, malgré leur passage à Lavacolla, étaient dans un tel état de crasse que la basilique remplie de ces corps malpropres était littéralement irrespirable. Les curés, pour survivre, n'avaient trouvé qu'une solution : balancer dans les airs un tonneau d'encens. Loin de me dégoûter de cette cérémonie, cette anecdote a au contraire réconcilié en moi les deux réalités jusque-là incompatibles : le faste de la liturgie chrétienne et la primitive simplicité du Chemin. L'encens et la pourpre rejoignaient ainsi la sueur et la boue grise. Le fil n'était pas rompu.

Car tout concourt à le rompre, dès lors qu'on est « arrivé ». Les charmes et les beautés de Compostelle ensevelissent les souvenirs du Chemin. Le corps reprend sa nonchalance urbaine : on traîne dans les ruelles et, bientôt, on se surprend même à acheter des souvenirs...

Puis c'est l'avion qui vous catapulte hors du sanctuaire et vous jette, en quelques heures, dans votre décor familier. On s'était dit, en marchant le long des routes, que l'on ne pourrait plus jamais circuler en voiture sans se mettre à la place de ceux qui font le même chemin à pied. Mais, sitôt installé à un volant, on oublie ces engagements et l'on file à grande vitesse sans état d'âme.

Certains aspects du Chemin sont un peu plus durables : pour moi, ce fut surtout la philosophie de la *mochila*. Pendant plusieurs mois après mon retour, j'ai étendu la réflexion sur mes peurs à toute ma vie. J'ai examiné avec froideur ce que littéralement je porte sur le dos. J'ai éliminé beaucoup d'objets, de projets, de contraintes. J'ai essayé de m'alléger et de pouvoir soulever avec moins d'efforts la *mochila* de mon existence.

Mais cela aussi a passé. La page s'est peu à peu tournée et les angoisses du Chemin ont disparu. L'effet perceptible du pèlerinage s'efface vite. En quelques semaines, tout a disparu. La vie a repris. Rien ne semble avoir changé.

Bien sûr, à certains indices, on comprend qu'il travaille toujours en profondeur. Ce n'est sans doute pas un hasard si, en rentrant, j'ai écrit l'histoire de Jacques Cœur. Sa maison natale est située sur un des chemins de Santiago et il a passé son enfance à voir défiler des Jacquets. Prénommé Jacques lui-même, il a ardemment souhaité faire le pèlerinage, même si la vie ne lui en a pas donné le loisir. En suivant sa belle existence, à travers les Chemins de son Moyen Âge, j'ai eu un peu le sentiment de reprendre la *mochila* pour un nouveau voyage, au pas de l'écriture. Jacques Cœur, comme les pèlerins de Compostelle, apprend à connaître la liberté en perdant tout. Et, comme il avait auparavant tout acquis, argent, pouvoir, luxe, cette oblation radicale confère à son destin une grandeur particulière qui n'est pas étrangère à l'esprit du Chemin.

Tout cela, cependant, reste indirect, une vague influence. Le pèlerinage en lui-même n'est bientôt plus devenu pour moi qu'un lointain souvenir. La liqueur philosophique qui en était sortie, et que j'avais recueillie goutte à goutte en écrivant *Le Grand Cœur*, me semblait avoir été produite par écrasement de tous les instants particuliers qui avaient composé le voyage. En somme, il ne me restait du Chemin qu'un enseignement essentiel et assez vague. Il est enivrant, précieux, mais j'aurais du mal à le définir. Je crus avoir tout oublié.

Et puis, un jour de neige à Chamonix, j'ai parlé de mon pèlerinage avec deux éditeurs amis au cours d'un déjeuner. Passionnés de montagne, Marie-Christine Guérin et Christophe Raylat, qui animent les éditions Guérin, se sont intéressés à mon voyage et m'ont posé les mille questions qu'ils adressent aux alpinistes qui rentrent de course. Je leur ai répondu avec le même naturel et de nombreuses anecdotes me sont revenues. C'était une de ces conversations de montagne que provoquent le vin blanc et la chaleur d'un chalet, surtout s'il gèle dehors. Quand, à la fin du repas, mes interlocuteurs m'ont encouragé à rédiger ces souvenirs, j'ai accueilli leur proposition avec indignation. Je n'avais pas fait ce Chemin pour le raconter ! Je n'avais rien écrit ni sur le Chemin ni au retour. Je voulais tout vivre sans aucun recul, sans la contrainte de rendre des comptes, fût-ce pour moi-même. Et, lorsque je voyais à chaque étape des pèlerins prendre fébrilement des notes, je les plaignais.

Mais voilà que, dans cet hiver particulièrement glacial, dans le paysage blanc que je traversai ce jour-là pour rentrer chez moi, je voyais revenir à moi des images de ciels éclatants et de sentiers boueux, d'*ermitas* solitaires et de côtes battues par les vagues. Dans la prison de la mémoire, le Chemin s'éveillait, cognait aux murs, m'appelait. Je commençai à y penser, à écrire et, en tirant le fil, tout est venu.

Rien n'avait disparu. C'est une erreur ou une commodité de penser qu'un tel voyage n'est qu'un voyage et que l'on peut l'oublier, le ranger dans une case. Je ne saurais pas expliquer en quoi le Chemin agit et ce qu'il représente vraiment. Je sais seulement qu'il est vivant et qu'on ne peut rien en raconter sauf le tout, comme je m'y suis employé. Mais, même comme cela, l'essentiel manque et je le sais. C'est bien pour cela que, d'ici peu, je vais reprendre la route.

Et vous aussi.

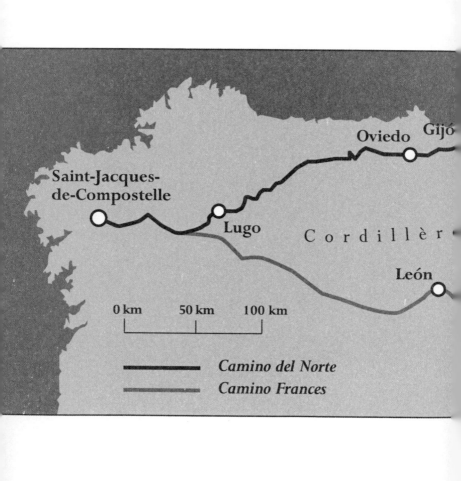

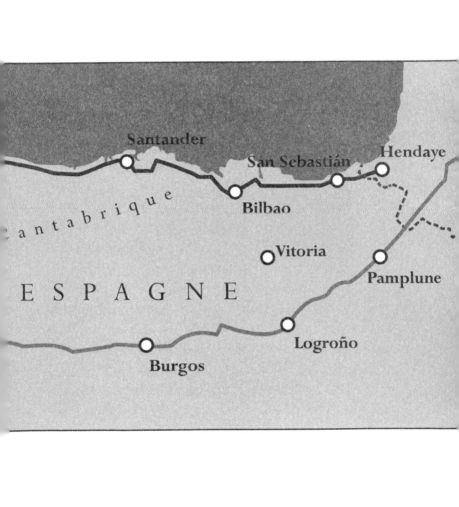

TABLE

DU MÊME AUTEUR

ESSAIS

Le Piège humanitaire − Quand l'humanitaire remplace la guerre, éd. Jean-Claude Lattès, 1986.

L'Empire et les nouveaux barbares, éd. Jean-Claude Lattès, 1991 ; nouvelle édition revue et augmentée, éd. Jean-Claude Lattès, 2001

La Dictature libérale, éd. Jean-Claude Lattès, 1994 ; Prix Jean-Jacques-Rousseau 1994.

L'Aventure humanitaire, éd. Gallimard, 1994.

Géopolitique de la faim − Faim et responsabilité, éd. PUF, 2004.

Un léopard sur le garrot, éd. Gallimard, 2008 (« Folio » n° 4905).

ROMANS

L'Abyssin, éd. Gallimard, 1997 ; Prix Goncourt du premier roman et Prix Méditerranée.

Sauver Ispahan, éd. Gallimard, 1998.

Les Causes perdues, éd. Gallimard, 1999 ; Prix Interallié 1999, Prix littéraire de l'armée de terre - Erwan Bergot 1999 ; réédité avec le titre Asmara et les causes perdues (« Folio » n° 3492).

Rouge Brésil, éd. Gallimard, 2001 ; Prix Goncourt 2001 (« Folio » n° 3906).

Globalia, éd. Gallimard, 2004 (« Folio » n° 4230).

La Salamandre, éd. Gallimard, 2005 (« Folio » n° 4379).

Le Parfum d'Adam, éd. Flammarion, 2007 (« Folio » n° 4736).

Katiba, éd. Flammarion, 2010.

Le Grand Cœur, éd. Gallimard, 2012.

NOUVELLES

Sept histoires qui reviennent de loin, éd. Gallimard, 2011.

Achevé d'imprimer par Ermes Graphics
à Turin (Italie) en juin 2013
Dépôt légal : mars 2013
ISBN : 978-2-35221-061-0